Vorstellungsgespräche
erfolgreich führen

Bassermann Ratgeber

Vorstellungs-gespräche

erfolgreich führen

Andreas Hinsen

BASSERMANN

In der gleichen Reihe sind bei Bassermann bereits erschienen
Gute Umgangsformen (ISBN 3-8094-0113-7)
Lebenslauf und Bewerbung (ISBN 3-8094-0252-4)
Mietrecht (ISBN 3-8094-0251-6)
Musterreden (ISBN 3-8094-0220-6)
Rhetorik (ISBN 3-8094-0114-5)
Testament, Erbschaft, Schenkung (ISBN 3-8094-0152-8)

Der Text dieses Buches entspricht den Regeln der neuen deutschen Rechtschreibung

Die Deutsche Bibliothek – CIP-Einheitsaufnahme

Hinsen, Andreas:
Vorstellungsgespräche erfolgreich führen / Andreas Hinsen. –
Niedernhausen/Ts. : Bassermann, 1997
(Bassermann-Ratgeber)
ISBN 3-8094-0374-1

ISBN 3 8094 0374 1

Umschlaggestaltung: Elisabeth Berthauer
Gestaltung: Horst Bachmann
Redaktion: Marlies Ferber
Herstellung: Albert Brühl

Satz: FROMM MediaDesign GmbH, Selters/Ts.
Gesamtkonzeption: Bassermann'sche Verlagsbuchhandlung,
D-65527 Niedernhausen/Ts.

817 2635 4453 6271

Inhalt

Vorwort

Vielleicht haben Sie sich gefragt, ob es sich überhaupt lohnt, einen Ratgeber für ein bevorstehendes Vorstellungsgespräch zu kaufen oder ob Sie sich auf ein Vorstellungsgespräch überhaupt vorbereiten sollten. Beide Fragen lassen sich nur mit einem klaren Ja beantworten! Auf ein Vorstellungsgespräch kann man sich gar nicht gründlich genug vorbereiten. Die Überlegung, es könnte besser sein, vorher nichts zu wissen, um „unbelastet" ins Gespräch zu gehen, ist ein Irrtum. Der Grund liegt in der Natur von Vorstellungsgesprächen:

Eine gründliche Vorbereitung ist sehr wichtig

Zum einen laufen Vorstellungsgespräche in wesentlichen Punkten ganz anders ab als gewöhnliche Gespräche, die Sie oft spontan am besten führen können, und darauf sollte man eingestellt sein. Beispielsweise werden Fragen oft verdeckt gestellt, sodass Sie nicht ohne weiteres durchschauen, worauf Ihr Gegenüber hinauswill. So wird Ihr Gesprächspartner Sie nicht fragen, ob Sie für die Stelle geeignet sind – Sie würden natürlich einfach mit Ja antworten –, sondern er wird versuchen, dies durch gezielte Fragen nach Fertigkeiten herauszufinden, die seiner Meinung nach für die Eignung wichtig sind. Dies ist für die meisten eine ungewohnte Situation, die nicht jeder sofort beherrscht. Außerdem gibt es bestimmte Spielregeln, deren Kenntnis stillschweigend vorausgesetzt wird. Umso wichtiger ist es zu wissen, was auf einen zukommt.

Zum anderen hat das Vorstellungsgespräch für beide Seiten eine große Bedeutung: Für Sie geht es um Ihre künftige Arbeitsstelle und damit in der Regel um Ihre Lebensplanung für die kommenden Jahre; für den Stellenanbieter ist eine

Personaleinstellung eine äußerst kostspielige Zukunftsinvestition. Die Vorstellung ist das Herzstück des Bewerbungsverfahrens, hier fällt die Entscheidung.

Wenn Sie zu einem Vorstellungsgespräch eingeladen worden sind, können Sie sich zunächst einmal gratulieren. Sie befinden sich unter den nur durchschnittlich etwa zehn Prozent aller Bewerber, die in die engere Wahl gekommen sind, haben sich also schon gegen viele Interessenten durchgesetzt, und für die Stelle, für die Sie sich interessieren, kommen Sie prinzipiell in Frage. Dennoch dürfen Sie sich nicht zu sicher fühlen. Schließlich sind die verbleibenden zehn Prozent auch Ihre härtesten Konkurrenten. Alle sind grundsätzlich geeignet, es geht jetzt nur darum, wer am Ende eine Nasenspitze voraus ist. Sie sind Ihrem Ziel also näher gekommen, haben es aber noch nicht erreicht.

Ihr persönliches Verhalten ist entscheidend

Jetzt hat jedoch eine völlig neue Runde begonnen. Das vorausgegangene Bewerbungsverfahren, die Papierform, zählt jetzt nicht mehr – diese Auswahl haben alle Kandidaten bestanden. Ab jetzt geht es nicht mehr nur um Zeugnisse, Referenzen und Kenntnisse, sondern auch ganz stark um Ihr persönliches Verhalten.

Seien Sie sich dabei bewusst: Sie haben es immer mit Menschen zu tun. Es kommt also ein gehöriger Schuss Subjektivität ins Spiel, d.h. eine Entscheidung wird oft auch von der Sympathie abhängen. Kaum jemand ist in der Lage, nach rein objektiven Kriterien zu urteilen. Genauso wichtig wie fachlich zu überzeugen ist es beim Vorstellungsgespräch also, die Sympathie Ihres Gegenübers zu gewinnen.

Eine ganz wichtige Vorüberlegung ist es auch, sich die Ziele eines Vorstellungsgesprächs vor Augen zu führen und dessen Verlauf im Kopf zu behalten. Nicht nur der Stellenanbieter verfolgt ein Ziel, sondern in gleichem Maße Sie selbst: Zum einen sucht natürlich der Betrieb eine Mitarbeiterin oder einen Mitarbeiter, und Sie wollen ihn davon überzeugen, dass Sie die oder der Richtige sind, indem Sie sich bestmöglich verkaufen. Zum anderen aber haben Sie ja auch Ihre eigenen Vorstellungen, und Sie wollen möglichst viel über den Betrieb herausfinden, um zu wissen, ob es sich hier um die richtige Stelle für Sie handelt. Im Idealfall sollen in einem Vorstellungsgespräch also Betrieb und Bewerber herausfinden, ob sie zueinander passen.

Beide Seiten wollen herausfinden, ob sie zueinander passen

Ob Sie es wollen oder nicht: Sie müssen hier ein Verkaufsgespräch führen. Und es ist ein Verkaufsgespräch unter ungleich starken Partnern. Eine gute Vorbereitung hilft, dieses komplizierte Spiel bestmöglich zu spielen. Sie sollten die Vorbereitung ernst nehmen und das Verfahren trainieren, vielleicht sogar mit Freunden und Bekannten vorher durchspielen. Zum Üben und Erwerben einer gewissen Routine kann es sogar nützlich sein zu versuchen, sich zunächst zu Vorstellungsgesprächen einladen zu lassen, bei denen es um nicht so interessante Stellen geht, wo es also nicht so viel ausmacht, wenn nicht alles optimal läuft.

Einleitung

Das Buch folgt in seinem Aufbau dem Ablauf des Bewerbungsverfahrens, wie Sie ihn auch erleben werden. Es lassen sich vier große Phasen unterscheiden:

1. Vor der Vorstellung
2. Vorbereitende Vorstellungstermine
3. Das Vorstellungsgespräch
4. Nach der Vorstellung

Die schriftliche Bewerbung geht meist dem Gespräch voraus

Den Auftakt vor der Vorstellung bildet die – in der Regel schriftliche – Bewerbung, die dem Stellenanbieter die Grundlage für seine Vorauswahl der Kandidatinnen und Kandidaten bietet, die zum Vorstellungsgespräch eingeladen werden. Wenn Sie zu dem engeren Kreis gehören, der daraufhin zum Vorstellungsgespräch eingeladen wird, schließt sich die wichtige Phase der Vorbereitung auf das Gespräch an, wozu Information über den Betrieb, die Stelle und die Branche gehören, eine Bestandsaufnahme der Leistungen, die Sie anzubieten haben, aber auch der eigenen Forderungen, die Aufstellung eines Fragenkatalogs und ein vorheriges Durchspielen des möglichen Gesprächsablaufs. Aufschlussreich ist es auch, sich zu vergegenwärtigen, dass und wie auch die Gegenseite sich auf das Gespräch vorbereitet, was im Anschluss daran skizziert wird. Als letzter Punkt vor dem Vorstellungstermin sind noch einige nicht zu unterschätzende praktische Dinge zu bedenken, von der richtigen Terminvereinbarung über die günstigste Form der – pünktlichen – Anreise und die passende Kleidung bis zu den mitzunehmenden Unterlagen.

Dem Vorstellungsgespräch oft vorangestellt: Test, Assessmentcenter oder Gruppengespräch

Nach Prüfung der Bewerbungsunterlagen kann es auch sein, dass Sie nicht direkt zu einem Vorstellungstermin, sondern zu einem Vorauswahlverfahren geladen werden. Dabei kann es sich um Tests, sogenannte Assessmentcentertermine oder Gruppengespräche handeln. Alle drei Varianten werden erläutert. Auf jeden Fall handelt es sich hier nur um vorbereitende Termine, die Entscheidung fällt erst in einem Vorstellungsgespräch; im Assessmentcenter ist ein solches Gespräch oft bereits in den Ablauf integriert.

Den breitesten Raum in der Darstellung nimmt anschließend das eigentliche Vorstellungsgespräch ein. Hier wird zunächst vorgestellt, welche Gesprächspartner daran im Allgemeinen teilnehmen und welche Rollen sie spielen. Dann wird der typische Ablauf eines Vorstellungsgesprächs geschildert. Ein eigener Abschnitt ist im Anschluss daran dem Thema „Heikle Fragen" und den richtigen Antworten darauf gewidmet. Nachdem vom Grundmuster eines Vorstellungsgesprächs die Rede war, folgen noch einige Tipps zu besonderen Situationen: So ist es bisweilen so, dass noch ein zweites Vorstellungsgespräch anberaumt wird; aufgrund der nach wie vor verbreiteten Ungleichbehandlung im Berufsleben lohnen einige spezielle Hinweise für Frauen; vor einer besonderen Situation stehen auch Bewerber um einen Ausbildungsplatz; und schließlich erhalten Sie auch noch einige Tipps für ein Vorstellungsgespräch im Ausland. Auch während des Vorstellungstermins gibt es wieder einige praktische Dinge zu beachten, die zum Schluss angesprochen werden sollen, insbesondere das Thema Personalfragebogen und Kostenerstattung.

Wenn Sie sich nach dem Vorstellungsgespräch verabschiedet haben, beginnt der Entscheidungsprozess – auf beiden Seiten. Zum Verhalten in dieser Wartephase erhalten Sie zum Abschluss ebenso Hinweise wie zum Abschluss des neuen und der eventuellen Kündigung eines alten Arbeitsvertrags.

Vor der Vorstellung

Vor einem Vorstellungsgespräch laufen einige entscheidende Schritte ab, die sich zu den folgenden Abschnitten zusammenfassen lassen:

- Vorbereitung des Vorstellungsgesprächs
- Wie bereitet sich mein Gesprächspartner vor?
- Praktische Dinge

Wer zum Gespräch geladen wird, hat die erste Hürde geschafft

Diese drei Phasen werden in diesem Kapitel erläutert.
Das Vorstellungsgespräch ist in aller Regel der Höhepunkt eines mehr oder weniger umfangreichen Bewerbungsverfahrens. Der Einladung zum Gespräch kann die Inanspruchnahme einer privaten oder staatlichen Stellenvermittlung (Arbeitsamt) vorangehen, die Aufgabe eines eigenen Stellengesuchs oder die eigene schriftliche Bewerbung, sei sie unaufgefordert oder auf ein Stellenangebot hin.
Wenn Sie dann die begehrte Einladung zum Gespräch in Händen halten, beginnt die Vorbereitungsphase, die Sie intensiv nutzen sollten. Zur notwendigen Vorbereitung, zu der Sie im betreffenden Abschnitt wichtige Hinweise erhalten, gehören die Information über Branche, Stelle und Betrieb, die Überlegung, welche Leistungen Sie anbieten können, aber auch, welche Forderungen an die Stelle Sie selbst haben, die Aufstellung eines Katalogs von Fragen, die Sie im Vorstellungsgespräch klären müssen, und eine möglichst realistische geistige Vorwegnahme des Gesprächsablaufs durch Planung und Üben.
Auf das bevorstehende Gespräch bereiten aber nicht nur Sie selber sich vor, sondern – mehr oder weniger gründlich – in

gleichem Maße Ihre Gesprächspartner. Ein Blick auf die andere Seite kann sehr hilfreich sein.
Bevor es losgeht, wollen schließlich auch noch einige praktische Fragen geklärt werden. Hierzu gehören die Terminvereinbarung, die Anreiseplanung, die Kleiderwahl und das Zusammenstellen mitzunehmender Unterlagen.

Vorbereitung des Vorstellungsgesprächs

Wenn Ihre Bewerbungsunterlagen geprüft worden sind, werden Sie irgendwann Nachricht bekommen. Die Prüfung, d.h. die Vorauswahl erfolgt durch eine Bearbeiterin oder einen Bearbeiter in der Personalabteilung, oft auch durch Mitarbeiterinnen und Mitarbeiter der in Frage kommenden Fachabteilungen, in kleinen Betrieben kommt es natürlich oft vor, dass die Chefin oder der Chef selbst die Bewerbungen prüft. Zumeist werden Sie dieselben Personen im Vorstellungsgespräch treffen. Mehr über Ihre Gesprächspartner erfahren Sie daher im Kapitel „Das Vorstellungsgespräch“.
Die Zeit, bis Sie Nachricht erhalten, kann ganz unterschiedlich lang sein. Zum Teil bekommen Sie Post erst nach Wochen, wenn Sie sich kaum noch an die Bewerbung erinnern können. Zum Teil erhalten Sie am Tag des Eingangs Ihrer Bewerbung einen Telefonanruf mit der Einladung zu einem Gesprächstermin. Das hängt ganz von der Arbeitsorganisation im Empfängerbetrieb ab. Die meisten Fälle liegen irgendwo dazwischen.
In der Mehrzahl der Bewerbungen wird die Mitteilung, die Sie erhalten, etwa so lauten: „Nach eingehender Prüfung Ihrer Unterlagen sind wir zu dem Ergebnis gekommen, dass wir Ihnen leider keine Stelle anbieten können. Obwohl Ihre Qualifikation für die ausgeschriebene Position gut war, konnten unter der großen Zahl Ihrer Mitbewerber einige

Kandidaten ganz spezielle, für die Stelle erforderliche Erfahrungen vorweisen. Ihre Unterlagen reichen wir Ihnen zu unserer Entlastung zurück. Für Ihre weiteren Bewerbungen wünschen wir Ihnen alles Gute.“ Sie aber warten auf die wenigen Antworten – in der Regel in kleineren und dünneren Umschlägen –, die so oder ähnlich lauten: „Nach der Prüfung Ihrer Unterlagen würden wir Sie gerne persönlich kennen lernen. Wir laden Sie daher zu einem Gespräch am … in unser Haus ein.“

Wenn Sie sich von dieser freudigen Nachricht erholt haben – läuft der Countdown. Im Allgemeinen dürften Sie bis zu dem Termin etwa ein bis drei Wochen Zeit haben. In dieser Zeit gilt es sich auf das Vorstellungsgespräch vorzubereiten. Sie können die Zeit natürlich auch verstreichen lassen und ganz auf Ihre Spontaneität und Intuition im Gespräch vertrauen. Dieses Vorgehen empfiehlt sich jedoch, wie schon im Vorwort erläutert, nicht. Die Erwartungshaltung Ihrer Gesprächspartner ist einfach, dass Sie sich auf den Termin vorbereitet haben, z.B. dass Sie sich über Ihren künftigen Arbeitgeber und die Branche informiert haben. Auch gibt es gewisse Regeln und Standards in Vorstellungsgesprächen, mit denen man sich vorher vertraut gemacht haben sollte, weil ihre Kenntnis und Beachtung stillschweigend vorausgesetzt wird. Hier wollen Ihnen die folgenden Kapitel helfen.

Ihre Gesprächspartner erwarten eine sehr gute Vorbereitung von Ihnen

Was gehört nun alles zu einer zweckmäßigen Vorbereitung?

- Sie sollten sich gründlich über die Branche, den Betrieb und die Stelle informieren.
- Sie sollten sich über Ihre eigene Ausgangssituation genau klar werden.
- Sie sollten einen Katalog von Fragen aufstellen, die im Gespräch zu klären sind.
- Sie sollten den Ablauf des Vorstellungsgesprächs planen und üben.

Der Vorbereitungsaufwand lohnt auf jeden Fall

Dieser Aufwand mag zunächst recht hoch erscheinen, aber er lohnt sich in jedem Fall. Bei einigen dieser Punkte verhält es sich zudem so, dass Sie die Arbeit nur einmal auf sich nehmen müssen und dann für viele Vorstellungsgespräche nutzen können. Dazu gehört z.B., sich Wissen über die Branche anzueignen oder sich einmal die eigenen Stärken und Schwächen, aber auch die eigenen Forderungen an einen Arbeitgeber ganz klar zu machen.

Information über Branche, Betrieb und Stelle

Angesichts der schon im Vorwort erläuterten Bedeutung, die eine Personaleinstellung für beide Seiten hat (teure Zukunftsinvestition einerseits, Entscheidung über die künftigen Lebensjahre andererseits), gehen Ihre Gesprächspartner im Vorstellungsgespräch davon aus, dass Sie sich – soweit es Ihnen möglich ist – über Ihre eventuelle künftige Position informiert haben. Erwartet werden Grundkenntnisse über die Branche, Vorstellungen über die Situation des Betriebs und eine Idee von der künftigen Tätigkeit. Davon abgesehen hat vorherige Information auch für Sie selbst einige Vorteile:

Eine Personaleinstellung ist für den Betrieb eine teure Zukunftsinvestition

- Sie haben Anknüpfungspunkte für gezielte Fragen im Gesprächsverlauf.
- Sie gewinnen Zeit, sich im Gespräch auf die wirklich wichtigen Themen zu konzentrieren.
- Sie können durch die Demonstration von Fachkenntnissen Interesse bekunden und damit Pluspunkte sammeln.

Über welche Punkte sollte man nun schon möglichst vor dem Vorstellungsgespräch Bescheid wissen? Im Allgemeinen gehört dazu eine gewisse Vorstellung von den folgenden Bereichen:

- Jahresumsatz
- Gewinnsituation
- Mitarbeiterzahl

- Rechtsform des Betriebs
- Beteiligungsverhältnisse
- Filialen
- Produkte
- Die Marktsituation
- Konkurrenzlage
- Image des Betriebs
- Bisherige Entwicklung des Betriebs
- Zukunftsperspektiven

Machen Sie sich mit der Gesamtsituation des Betriebs und der Branche vertraut

Das hört sich nach gewaltigen Forderungen an. Es geht hier aber nicht darum, auf Anfrage wie aus der Pistole geschossen exakte Zahlen präsentieren zu können, sondern den Eindruck zu vermitteln, sich mit der Gesamtsituation vertraut gemacht zu haben.

So müssen Sie nicht die genauen Zahlen zu Umsatz, Gewinn und Mitarbeiterzahl des vergangenen Jahres im Kopf haben, sondern einschätzen können, ob es sich um ein großes oder ein kleines, ein erfolgreiches oder ein kämpfendes Unternehmen handelt.

Bei den Punkten Rechtsform, Beteiligungsverhältnisse und Filialen sollten Sie eine Vorstellung haben, ob Sie es mit einer Behörde, einem privaten Einzelunternehmen oder einem Konzern zu tun haben, ob der Betrieb selbstständig oder von einem anderen abhängig ist oder selber Tochterstellen hat.

Wichtig zu wissen: Was genau wird im Betrieb produziert?

Besonders wichtig ist natürlich die Kenntnis über die hergestellten Produkte (damit sind je nach Branche Waren oder Dienstleistungen gemeint).

Pluspunkte können Sie verbuchen, wenn Sie die Marktsituation und Konkurrenzverhältnisse zutreffend einschätzen können. Dasselbe gilt für Kenntnisse über das Image des Betriebs, die Entwicklungsgeschichte und die Zukunftsaussichten.

Wie gesagt, es geht nicht um abfragbares Wissen, sondern darum, dass Sie den Eindruck vermitteln, Sie kennen sich aus, und gescheit mitreden können. Tragen Sie so viele Informationen zusammen, wie Sie können. Zu viel kann man nicht wissen. Deswegen empfiehlt sich auch, mit der Informationssuche möglichst frühzeitig zu beginnen.

Je kompetenter Sie mitreden können, desto besser

Wie aber kommen Sie an solche Informationen? Schließlich ist es ja naturgemäß gerade so, dass man sich eben noch nicht auskennt, sondern das meiste ganz neu ist, und man immer nur unvollständige Informationen haben wird. Nun, Ihre Gesprächspartner werden dafür Verständnis haben, dass Sie noch nicht alles wissen können, aber je mehr Sie wissen, einen um so besseren Eindruck machen Sie natürlich. Viele der genannten Informationen sind auf den ersten Blick sehr schwer zu beschaffen, z.B. Beteiligungsverhältnisse, Filialen, Marktsituation. Es gibt aber eine ganze Reihe von Quellen:

- Die Stellenanzeige
- Die Presse
- Nachschlagewerke
- Kammern
- Der Betrieb selbst
- Der Bekanntenkreis

Hierzu ein paar Hinweise:

Stellenanzeige

Wenn Sie sich auf eine Anzeige hin beworben haben, gibt bereits das Stellenangebot selbst eine ganze Reihe von Hinweisen auf den Betrieb und die zukünftige Tätigkeit. Allerdings sind Stellenanzeigen sehr unterschiedlich gut formuliert, aus einigen ist furchtbar wenig zu entnehmen. Umgekehrt erwartet Ihr Gegenüber aber auch, dass der Inhalt der Stellenanzeige das Mindeste ist, das Sie wissen.

Presse

Eine weitere Möglichkeit, Informationen über den Sie interessierenden Betrieb zu bekommen, sind Tageszeitungen und branchenspezifische Fachzeitschriften sowie sonstige Medien. Lesen Sie den redaktionellen Teil, insbesondere den Wirtschaftsteil. Hier können Sie sich vor allem über die aktuelle Entwicklung Ihres potentiellen Arbeitgebers, zumindest aber der Branche informieren. Aber auch die Werbung im Anzeigenteil kann Informationen bieten. Und schließlich können Sie auch aus Stellenanzeigen, die für Sie nicht in Frage kommen, etwas über Ihren Betrieb erfahren.

Wirtschafts- und Anzeigenteile von Tageszeitungen sind ergiebige Informationsquellen

Nachschlagewerke

Neben Zeitschriften bieten auch Bücher Informationen. Da gibt es zum einen Firmenhandbücher allgemeiner Art (z.B. vom Hoppenstedt-Verlag). Über große Unternehmen existieren oft auch spezielle Werke. Darüber hinaus gibt es zum anderen branchenspezifische Fachbücher.

Die können Sie natürlich im Buchhandel kaufen. Eine billigere Alternative sind die Bibliotheken. Das gilt im übrigen auch für die genannten Zeitungen und Zeitschriften. Fragen Sie! Die Mitarbeiterinnen und Mitarbeiter freuen sich, wenn Sie um Rat gebeten werden und Ihnen weiterhelfen können. (Nebenbei ist dies auch ein möglicher Weg, wenn Sie noch auf der Suche nach dem geeigneten Betrieb sind, bei dem Sie sich bewerben können.)

Kammern

Informationen über Unternehmen und Branchen liefern auch die verschiedenen Berufsverbände, z.B. die Industrie- und Handelskammern (IHK) und die Handwerkskammern. Darüber hinaus gibt es zahllose branchenspezifische Verbände und Innungen.

Der Betrieb selbst

Viele größere Betriebe geben Geschäftsberichte, Imagebroschüren etc. heraus

Denken Sie auch daran, dass der Betrieb selbst Ihnen vor dem Gespräch Informationen zur Verfügung stellen kann. Die meisten Betriebe verfügen über irgendwelche Broschüren. Sehr informativ sind Geschäftsberichte, sie geben z. B. eine Selbstdarstellung, liefern Zahlen, informieren über Struktur und internationale Verflechtungen. Und auch die Werbung eines Unternehmens gibt Hinweise.
Wenn Sie Glück haben, schickt Ihnen das Unternehmen zusammen mit der Einladung zum Vorstellungsgespräch gleich einen Geschäftsbericht mit. Diese Quelle sollten Sie weidlich nutzen. Man kann aber auch den Betrieb selbst ansprechen und Informationsmaterial anfordern. In größeren Betrieben existiert oft eine Stelle für Presse- und Öffentlichkeitsarbeit, an die Sie sich wenden können. So muss Ihr künftiger Gesprächspartner nicht einmal davon erfahren, dass Sie Informationslücken schließen wollen. Und selbst wenn er oder sie davon erfährt, ist es ja nichts Schlechtes, wenn man sich informieren will.

Bekanntenkreis

Und schließlich sollten Sie auch nicht zögern, Freunde, Verwandte und Bekannte nach ihren Kenntnissen auszufragen. Besonders interessant sind hier natürlich Leute mit Branchenkenntnissen oder gar Mitarbeiter des Betriebs. Bei letzteren ist allerdings immer etwas Vorsicht geboten; ihr Bericht wird in den seltensten Fällen wirklich objektiv sein, sondern oft übertrieben positiv oder negativ. Legen Sie nicht jedes Wort auf die Goldwaage.

Ihre Ausgangssituation

Vor dem Vorstellungsgespräch sollten Sie sich nicht nur Klarheit über Branche, Betrieb und Stelle verschaffen, sondern auch über Ihre eigene Ausgangssituation.

- Werden Sie sich darüber klar, was Sie dem potentiellen Arbeitgeber konkret zu bieten haben.
- Überlegen Sie genau, welche Forderungen Sie Ihrerseits an Ihren Arbeitgeber haben.

Klarheit über den eigenen Wert und über die persönlichen Ziele gewinnen

Das müssen Sie nicht jeweils schriftlich niederlegen, aber es ist schon wichtig, sich einmal über diese beiden Punkte vor dem entscheidenden Gespräch genau Rechenschaft abzulegen. Auf diesen beiden Vorüberlegungen baut Ihre gesamte Verhandlungsführung auf, daher ist es von großer Bedeutung, eine solide Ausgangsposition zu haben. Zudem sind dies auch die beiden zentralen Punkte, die Ihr Gesprächspartner von Ihnen wird wissen wollen. Ein geübter Interviewer wird sofort merken, wenn er hier auf Unsicherheiten stößt, auf Überlegungen, die nicht zu Ende gedacht sind. Auf der Basis Ihrer Vorüberlegungen aber werden Sie genau begründen können, warum Sie sich um die neue Stelle bewerben, und Sie werden Ihren eigenen Werdegang auf zielgerichtete Weise erzählen können.

Was habe ich zu bieten?

Ein zentraler Punkt des Vorstellungsgesprächs wird darin bestehen, dass Sie aufgefordert werden, über Ihren bisherigen beruflichen Werdegang zu berichten. Erste Voraussetzung, um diese Aufgabe erfüllen zu können, ist zunächst einmal, dass Sie sich in Ihrem Lebenslauf auch auskennen.

Ihr beruflicher Werdegang wird ein zentraler Punkt im Gespräch sein

Denken (und sagen!) Sie nicht, dass diese Angaben doch alle aus den bereits vorliegenden schriftlichen Bewerbungsunterlagen hervorgehen. Wenn diese Frage gestellt wird, geht es um anderes, z.B. um Begründungen oder darum, Dinge zu klären, die undeutlich geblieben sind. Haben Sie also Stationen und Daten aus Ihrem Lebenslauf parat. Zu den einzelnen Stationen sollten Sie Art, Inhalt, Ort, Zeitraum und Abschluss wissen.

Die möglichen Stationen:

- Schulbesuch
- Wehr- oder Zivildienst
- Berufsausbildung
- Studium
- Berufserfahrung
- Berufliche Zusatzqualifikation (z.B. Praktika, Volontariate, Weiterbildungsseminare, Meisterprüfung)
- Besondere Kenntnisse und Fähigkeiten (z.B. Sprachkenntnisse, Maschineschreiben, Erfahrungen mit berufsrelevanten Computerprogrammen)

Dies stellt die notwendige Basis für Ihren Bericht dar. Allerdings geht es nicht darum, Ihren Lebenslauf Punkt für Punkt herzusagen, sondern zielgerichtet zu präsentieren. Es geht darum, das Richtige auszuwählen, nicht einfach alles nachzuerzählen. Doch dazu später mehr.

Die meisten der im Lebenslauf genannten Punkte lassen sich mit Zeugnissen etc. belegen (z.B. Auslandserfahrungen, Fremdsprachenkenntnisse, Führerschein, Weiterbildung, EDV-Kenntnisse, Nebentätigkeiten). Die wichtigsten dieser Belege werden in Ihren Bewerbungsunterlagen enthalten gewesen sein.

Hilfreich ist die genaue Selbsteinschätzung

Im Vorstellungsgespräch interessieren jedoch auch nicht belegbare Dinge wie Zuverlässigkeit, Loyalität, Selbstständigkeit, die Fähigkeit mitzudenken, Ideen, Erfahrungen, Fleiß, Ehrlichkeit, Durchsetzungsfähigkeit, Überzeugungskraft usw. Auch darüber sollten Sie sich vorher ein ehrliches und klares Bild von sich selbst machen. Wie viel davon Sie dann im Vorstellungsgespräch preisgeben, steht auf einem anderen Blatt. Diese Frage wird noch genau behandelt. Sie selbst aber sollten auf jeden Fall wissen, welchen Anforderungen zu entsprechen Sie objektiv in der Lage sind. Insgesamt geht es im Vorstellungsgespräch um:

- Ihre Kenntnisse
- Ihre Fähigkeiten
- Ihre Erfahrungen
- Ihre Eigenschaften

Anhand der einzelnen Stationen Ihres Lebenslaufs und Ihrer Selbsteinschätzung sollten Sie einen Katalog der erworbenen Kenntnisse, Fähigkeiten, Erfahrungen und Ihrer Eigenschaften aufstellen, die Sie anzubieten haben. Überlegen Sie sich, welchen Nutzen Sie mit Ihrer Angebotspalette dem Arbeitgeber bieten können. Besonders wichtig ist auch zu bedenken, welchen Zusatznutzen über die Qualifikation der übrigen Bewerberinnen und Bewerber hinaus Sie daraus wohl ableiten können. Was gefragt sein könnte, lässt sich z.B. aus der Stellenanzeige folgern oder dem Gespräch selber entnehmen. So könnten in der Anzeige vielleicht Erfahrungen in der Buchhaltung verlangt sein. Sie wissen aber, dass das Unternehmen auch international tätig ist, und können so außerdem noch Ihre Fremdsprachenkenntnisse ins Spiel bringen.

Der Angebotskatalog, den Sie aufgrund dieser Überlegungen zusammenstellen, wird ganz speziell auf Ihre Person zugeschnitten sein. Außerdem werden Sie auch je nach der ins Auge gefassten Stelle ein spezielles Angebot aus Ihrem Katalog auswählen. Sie brauchen übrigens nicht etwa auf die Idee zu kommen, dass dieses Angebot womöglich zu klein ist; wenn Sie zum Gespräch eingeladen worden sind, erfüllen Sie auch die Anforderungen, die der Betrieb an Sie stellt. Es geht jetzt nur noch darum, das vorhandene Angebot optimal zu präsentieren.

Was sind meine Forderungen?

Wie schon angesprochen, sind nicht nur die Qualitäten wichtig, die Sie einem künftigen Arbeitgeber anzubieten haben,

Werden Sie sich klar darüber, was Ihnen wirklich wichtig ist

sondern umgekehrt auch die Forderungen, die Sie selbst an Ihren Arbeitgeber stellen. Schließlich nutzt es nichts, wenn Sie auf irgendeine Weise eine Stelle bekommen, mit der Sie dann nicht zufrieden sind oder gar nicht zurechtkommen, und sich schon bald wieder erneut auf die Stellensuche begeben müssen. Damit ist keiner Seite gedient.

Diese Forderungen an eine Stelle bzw. einen Arbeitgeber sind nun allerdings noch individueller als die Leistungspalette. Hier hat jeder seine eigenen Vorstellungen. Am besten stellen Sie sich vor dem entscheidenden Gespräch eine Liste auf (sei es schriftlich, sei es im Geiste), welche Forderungen für Sie persönlich unabdingbar sind, welche Ihnen recht wichtig erscheinen und welche zwar wünschenswert, nicht aber entscheidungsrelevant sind. Sie können sich dazu sogar ein Punkteschema entwerfen.

Die Forderungen können aus den unterschiedlichsten Bereichen kommen. Hier die häufigsten Überlegungen:

- Befriedigende Tätigkeit, die Ihren Interessen, Kenntnissen und Fähigkeiten entspricht
- Herausfordernde Aufgabe
- Aufstiegs- und Entwicklungsmöglichkeiten
- Verdienst und Arbeitszeiten
- Nette Kollegen, Teamarbeit
- Fähige Vorgesetzte
- Gutes Betriebsklima und sicherer Arbeitsplatz
- Der herrschende Führungsstil
- Unternehmenspolitik und Image
- Wirtschaftliche Aussichten der Branche und des Betriebs
- Möglicherweise erforderliche Trennung bzw. mögliche Zusammenführung von Partner, Familie, Freunden
- Arbeitsort und seine Möglichkeiten als Lebensstandort

Vielleicht fallen Ihnen auch noch weitere, für Sie persönlich wichtige Kriterien ein.

Ihre Motive für die Bewerbung interessieren den Stellenanbieter

Ihre Forderungen an die neue Stelle werden auch im Vorstellungsgespräch eine wichtige Rolle spielen. Ihre Gesprächspartner wollen mit Sicherheit die Gründe herausfinden, die Sie bewogen haben, sich um die Stelle zu bewerben, insbesondere wenn es sich um einen Stellenwechsel handelt. Hier ist es sehr wichtig, genau zu wissen, warum man sich eigentlich verändern will. (Auch hier gilt wieder: Wie viel man davon weitergibt, steht auf einem anderen Blatt.) Oft ist es nämlich so, dass die persönlichen Motive gar nicht bis ins Letzte überlegt sind, sondern vielleicht nur eine latente Unzufriedenheit mit der derzeitigen Situation vorliegt. Oft ist es dann konkret gar nicht so, dass man wirklich eine neue Stelle möchte. Auch über diese Frage können Sie mit dieser Vorüberlegung Klarheit gewinnen.

Die Motive für eine Stellensuche lassen sich in folgenden Gruppen zusammenfassen:

- In der Arbeit begründete Motive
- Im betrieblichen Umfeld begründete Motive
- Begründung in der wirtschaftlichen Lage
- Private Motive

Hierzu im Folgenden mehr:

Häufiges Motiv einer Bewerbung: Arbeitslosigkeit

In der Arbeit begründete Motive: Der einfachste und nächstliegende Grund für eine Stellensuche ist: Man ist arbeitslos. Hier sind über Ihre Forderung wenig Worte zu verlieren; Sie suchen eine Arbeit, wenn auch nicht irgendeine, sondern eine für Sie geeignete.

Ein anderer Grund kann darin bestehen, dass die derzeit ausgeübte Tätigkeit nicht den persönlichen Interessen, Kenntnissen und Fähigkeiten entspricht; sei es in Form einer Unterforderung oder aber einer Überforderung. In beiden Fällen dürfte es auf Dauer sinnvoll sein, nach einer neuen Stelle zu suchen. Die Angemessenheit der Arbeit könnte ein ganz wichtiger Punkt in Ihrem Forderungskatalog sein.

Auch wenn eine Tätigkeit zu lange ausgeübt wird, kann das Bedürfnis nach einem Wechsel entstehen. Erstarrt die tägliche Arbeit in Routine, ist es unter Umständen angezeigt, nach einer neuen Herausforderung zu suchen. Eine Faustregel besagt, dass es, zumindest bis man die Position erreicht hat, mit der man „alt" werden möchte, alle drei bis fünf Jahre an der Zeit ist, nach einem neuen Tätigkeitsfeld Ausschau zu halten (allerdings kann das natürlich auch im derzeitigen Betrieb liegen). Nicht nur kann der bisherigen Tätigkeit durch eine neue Bearbeiterin oder einen neuen Bearbeiter neuer Schwung verliehen werden, sondern das eigene neue Aufgabenfeld kann auch persönlich wie beruflich weiterbringen. Eine herausfordernde Aufgabe könnte also eine Ihrer persönlichen Forderungen an eine Stelle sein.

Ein Wechsel kann für die Karriere nötig werden

Häufig tritt auch die Situation ein, dass die nächste Stufe auf der persönlichen Karriereleiter von jemandem blockiert wird, an dem einfach kein Vorbeikommen ist. Wenn also in der eigenen Karriereplanung der nächste Schritt fällig, die oder der Vorgesetzte aber weder unfähig ist noch sich selbst mit Wechselabsicht trägt und mittelfristig nicht ins Rentenalter kommt, kann zur Verwirklichung der eigenen Ziele die Veränderung zu einem neuen Arbeitgeber unumgänglich sein. Auch sonstige Entfaltungs- und Weiterbildungsmöglichkeiten können wichtig sein, z.B. eine angestrebte Tätigkeit im Ausland. Vielleicht sind die persönlichen Entwicklungsmöglichkeiten für Sie ein ganz wichtiges Kriterium?

Die Aussicht auf einen höheren Verdienst spielt eine große Rolle

Meist wird mit dem Stellenwechsel auch die Erwartung eines höheren Verdienstes verbunden. Die höheren Verdienstmöglichkeiten sind sicherlich eine ganz wichtige und verbreitete Forderung an eine Stelle, wenngleich das Kriterium auch nicht überbewertet werden sollte und oft durch Zusatzleistungen, Sozialleistungen, Sachleistungen, eine gute Arbeitsatmosphäre etc. kompensiert werden kann. Als Argument für einen Stellenwechsel wirkt es im Gespräch zudem in der Regel nicht besonders überzeugend, auch wenn Ihr Gegenüber weiß, dass es eine wichtige Rolle spielt. Auch die Arbeitszeit- und Überstundenregelung kann ein wichtiges persönliches Kriterium sein. Schließlich ist nicht nur wichtig, wie viel Sie verdienen, sondern auch, wie viel Ihrer Zeit Sie dafür opfern müssen.

Folgen von Mobbing: Nachlassen von Leistungsvermögen und Lebensfreude

Im betrieblichen Umfeld begründete Motive: Wenn einem die Kollegen das Leben im Betrieb zu Hölle machen (der englische Ausdruck lautet *mobbing*), kann die Suche nach einer neuen Stelle unter Umständen der letzte Ausweg sein. Die Gründe, warum eine Person zur Zielscheibe wird, sind vielfältig. Oft ist so etwas reines Pech, dennoch kann es zu einer Situation kommen, die sich nicht mehr bereinigen lässt.

In Analogie zum *mobbing* wurde der Ausdruck *bossing* geprägt. Gerade in wirtschaftlich schwieriger Lage greifen Arbeitgeber und Vorgesetzte mitunter zu dem Mittel, Mitarbeiter herauszuekeln, weil sie zu einem regelrechten Entlassen nicht imstande oder nicht willens sind. Viele Firmen fürchten z.B. bei Entlassungen in größerem Umfang um ihr Image, andere scheuen bei ungerechtfertigten Kündigungen Arbeitsgerichtsprozesse mit nachfolgenden finanziellen Belastungen für Abfindungen. In einer solchen Situation ist die Machtlosigkeit des einzelnen Arbeitnehmers noch größer als beim Mobbing.

Mieser Führungsstil und dubiose Geschäftspraktiken als Grund für den Wechsel

Auch wenn das Betriebsklima im Ganzen vergiftet ist, kann im eigenen Interesse bei Ihnen die Entscheidung reifen, sich nach etwas anderem umzusehen. Ebenso kann der schlechte Führungsstil der leitenden Ebene eines Betriebs zu allgemeiner Unzufriedenheit mit der Konsequenz hoher Personalfluktuation führen. Auch die gesundheitliche und sicherheitstechnische Ausstattung Ihres Arbeitsplatzes sind zu bedenken.

Und schließlich kann auch der Fall eintreten, dass Mitarbeiterinnen und Mitarbeiter die herrschende Unternehmenspolitik nicht mehr mittragen können. So sind vielleicht umweltschädigendes Verhalten oder dubiose Geschäftspraktiken nicht mit dem persönlichen Gewissen zu vereinbaren.

Begründung in der wirtschaftlichen Lage: Von wirtschaftlichen Schwierigkeiten können einzelne Betriebe oder eine ganze Branche betroffen sein. In beiden Fällen kann der Arbeitsplatzwechsel auf eine aussichtsreichere Position angezeigt sein.

Schaffen Sie rechtzeitig den Absprung vom sinkenden Schiff

Bevor es zu Kündigungen infolge von Arbeitsmangel, Rationalisierung oder Stilllegung kommt, ist es sinnvoll, rechtzeitig den Absprung vom sinkenden Schiff zu schaffen. Denn grundsätzlich ist die Bewerbungssituation aus einer ungekündigten Stelle heraus besser. Man steht weniger unter Druck und muss sich nicht so leicht auf Zugeständnisse einlassen.

Schwierig ist die Wahl des richtigen Zeitpunkts, zu dem der bisherige Betrieb verlassen werden sollte. Entscheidend sind vor allem die folgenden Überlegungen: Ist die wirtschaftliche Krise voraussichtlich dauerhaft oder lediglich vorübergehend? Ist beim Scheitern des Unternehmens die Stilllegung zu erwarten oder eine Übernahme durch einen anderen Betrieb? Hat der neue Besitzer eher zu viel Personal oder scheint eine Weiterbeschäftigung möglich? Stehen eher einzelne Kündigungen oder Massenentlassungen bevor? Wie sieht meine persönliche Situation aus, wenn bei betriebsbedingten Kündigungen nicht mehr nach Qualifikation, sondern nach sozialen Kriterien (Betriebszugehörigkeitsdauer, Lebensalter, Kinder) vorgegangen wird?

Die wirtschaftlichen Zukunftsaussichten einer Stelle, der Branche und des Betriebs können ganz wichtige Entscheidungskriterien sein.

Private Motive: Eine berufsbedingte Trennung von der Familie ist heute keine Seltenheit. Tragbar ist sie jedoch nur vorübergehend. Als Dauerzustand sind oft Krisen und Gesundheitsschäden vorgezeichnet. Eine Familienzusammenführung ist auf jeden Fall ein plausibles Wechselmotiv.

Ein plausibles Wechselmotiv: Die Familienzusammenführung

Auch wer mit Einsatzort, Stadt und Umgebung auf Dauer nicht zurechtkommt, wird vielleicht irgendwann einen Stellenwechsel in Betracht ziehen.

In jedem Fall sollte sich jeder kritisch fragen, ob er oder sie tatsächlich zu einem Wechsel bereit ist. Sind Sie bereit, gegebenenfalls Wohnort, Eigenheim und Freunde aufzugeben? In die Überlegungen sind natürlich auch Partner und Kinder einzubeziehen. Insbesondere bei Kindern stellt sich auch die Frage nach dem geeigneten Zeitpunkt für einen Wechsel. Günstigere Momente sind Einschnitte wie Einschulung, Schulformwechsel, Schulabschluss oder Beginn der Eigenständigkeit.

Ihr Fragenkatalog

In einem Vorstellungsgespräch geht es nicht nur darum, dass der einstellende Betrieb Fragen zu Ihrer Person stellt, sondern auch Sie müssen vor einer Entscheidung ja wissen, worauf Sie sich gegebenenfalls einlassen. Ein weiterer wichtiger Punkt in der Vorbereitung Ihres Vorstellungsgesprächs ist daher die Aufstellung eines Fragenkatalogs. Bereits bei den zuvor behandelten Abschnitten Information und Analyse Ihrer Ausgangssituation sind Ihnen sicher schon etliche Fragen eingefallen, die Sie unbedingt stellen müssen. Sie sollten alle wirklich wichtigen Fragen, die Sie im Vorstellungsgespräch klären wollen, zuvor zusammentragen. Hier empfiehlt sich sogar, die Fragen aufzuschreiben und das Blatt zum Gespräch mitzunehmen. In der Aufregung könnte sonst zu leicht etwas in Vergessenheit geraten. Das wissen auch alle erfahrenen Personalfachleute, so dass ein solcher

Schreiben Sie sich die wichtigsten Fragen auf

Spickzettel allgemein akzeptiert ist. Ein praktischer Tipp: Lassen Sie auf Ihrem Zettel auch Platz für Antworten, die Sie während des Gesprächs kurz notieren können.

Kleine Randbemerkung: Am Schluss eines Vorstellungsgesprächs steht fast immer die Frage: „Haben Sie selbst noch irgendwelche Fragen?" Hier lohnt es sich natürlich, wenn man sich vorher eine Liste von Fragen zusammengestellt hat, von der man jetzt noch eine – möglichst intelligente – Frage stellen kann. Machen Sie jedoch nicht den Fehler, Ihre Liste einfach monoton herunterzulesen und Punkt für Punkt abzuhaken, damit machen Sie einen sehr bürokratischen Eindruck. Sie werden auch feststellen, dass ein Teil Ihrer Fragen sich ohnehin im Gesprächsverlauf von selbst beantwortet, während andere neu hinzukommen. Einen gelegentlichen Blick auf Ihren Spickzettel zwischendurch wird Ihnen jedoch niemand übel nehmen.

Beschränken Sie sich aber auf wirklich wichtige Fragen

Die Tatsache, dass es sich um ein Gespräch handelt und nicht um einen schriftlichen Austausch, erfordert jedoch unbedingt eine Beschränkung auf das Wesentliche. Ein endloses Abhaken von Detailfragen lässt keinen harmonischen Gesprächsverlauf zu. Sie werden im Vorstellungsgespräch nicht unbedingt die Frage klären müssen, wie im neuen Unternehmen Sonderurlaub geregelt ist, andererseits gehört der Anfangstermin Ihrer Tätigkeit zu den auf jeden Fall anzusprechenden Fragen. Klären Sie also nur die Fragen, die als Entscheidungsbasis für Sie erforderlich sind.

Es gibt auch schlechte Fragen

Im Gegensatz zu einer verbreiteten Redensart gibt es hier übrigens auch schlechte Fragen. Dazu gehören insbesondere Fragen, deren Antwort Sie eigentlich selber wissen sollten, z.B. aus dem Text der Stellenanzeige oder aus Ihrer Gesprächsvorbereitung. Ebenfalls keinen besonders guten Eindruck machen Sie mit Fragen nach Punkten, die schon angesprochen wurden, bei denen Sie aber nicht richtig zugehört haben usw.

Insgesamt gilt: Fragen Sie alle Informationen ab, die Sie benötigen. Im Folgenden eine stichwortartige Zusammenstellung von wesentlichen Fragen:

- Konkrete Aufgabenbeschreibung
- Zukunftsperspektiven
- Warum ist die Stelle frei?
- Einarbeitung
- Arbeitszeitregelung
- Gehalt
- Kollegen bzw. Mitarbeiter
- Arbeitsplatz
- Beginn
- Probezeit
- Wann bekomme ich Bescheid?

Ob Sie diese Fragen konkret stellen müssen, ob sich eine Antwort im Gesprächsverlauf von selbst ergibt oder ob Sie etwas nur zwischen den Zeilen heraushören, ist unerheblich. Wichtig ist nur, dass Sie alle Informationen bekommen.

Konkrete Aufgabenbeschreibung

Zeigen Sie Interesse für Ihren konkreten Aufgabenbereich

Die Frage nach der Art Ihrer Tätigkeit und Ihrem Aufgabenbereich ist vielleicht der wichtigste Punkt. Zum einen erwartet Ihr Gesprächspartner auf jeden Fall, dass Sie ganz konkret Interesse bekunden, was Sie auf der neuen Stelle zu tun haben werden. Umgekehrt ist die Beantwortung dieser Frage natürlich für Sie so wichtig, dass Sie darauf wohl ohnehin nicht verzichten werden. Sie müssen schließlich wissen, ob die Arbeit Ihren Interessen, Ihren Kenntnissen, Fähigkeiten, Erfahrungen und Ihren Eigenschaften entspricht. Sie sollten weder über- noch unterfordert werden. Zum Thema gehört gegebenenfalls auch die Frage, ob Sie für eine bestimmte Tätigkeit fest eingeteilt sind oder mit Versetzungen rechnen müssen, und die Frage nach Ihren Kompetenzen.

Beachten Sie aber auch hier, keine vermeidbaren Fragen nach Dingen zu stellen, von denen Ihr Gegenüber zu Recht annimmt, dass Sie sie eigentlich schon in der Vorbereitung geklärt haben müssten. Wie viel an Vorwissen von Ihnen erwartet wird, lässt sich nicht so einfach beantworten. Dies hängt unter anderem sicherlich auch von Ihrer Berufserfahrung ab. Wenn Ihre vorbereitende Information über den Betrieb gut war, können Sie sich hier auch manche Frage sparen. Diese Zeit haben Sie zur Klärung anderer Punkte zur Verfügung, das Wissen dürfen Sie zur Schau stellen und können damit gegebenenfalls Eindruck machen.

Zukunftsperspektiven

Fragen Sie nach beruflichen Entfaltungsmöglichkeiten

Die Frage nach den Zukunftsperspektiven der Stelle, des Betriebs und der Branche, der Entwicklungsmöglichkeiten, des Weiterbildungsangebots zeigt Engagement und Initiative und belegt, dass Sie sich schon mit Ihrer neuen Position befasst haben. Pluspunkte können Sie sammeln, wenn Sie eigene Kenntnisse einfließen lassen. Auch die wirtschaftlichen Aussichten des Betriebs und der Branche, die Unternehmenspolitik, das Image und der Führungsstil spielen hier mit hinein. Viele dieser Punkte werden Sie nicht direkt erfragen können, sondern müssen sie heraushören oder spüren.

Warum ist die Stelle frei?

Ein sensibles Thema: Der Grund für die Stellenbesetzung

Je nachdem, wie diese Frage beantwortet wird, erwartet Sie eine ganz andere Arbeitsatmosphäre. Unbedenklich ist, wenn die vorherige Stelleninhaberin oder der Stelleninhaber im Guten gegangen ist (z.B. Rente, Wechsel auf eine verantwortungsvollere Position, Beförderung etc.). Tendenziell mehr Stress erwartet Sie, wenn eine Stelle erst neu geschaffen wurde, vielleicht ein neues Produkt eingeführt oder eine neue Abteilung geschaffen werden soll. Hellhörig sollten Sie

werden, wenn Ihre Vorgängerin oder Ihr Vorgänger nach relativ kurzer Zeit gegangen ist. Dies muss zwar nichts heißen, kann aber darauf hindeuten, dass irgendetwas mit der Stelle nicht stimmt, sei es die Anforderungen sind unerfüllbar, Chef oder Mitarbeiter sind unerträglich usw., und daher große Fluktuation herrscht. Natürlich kann der Vorgänger auch einfach ungeeignet gewesen sein oder durch Zufall schnell etwas Besseres gefunden haben.
Insgesamt ist dies ein schwieriger Punkt, bei dem sich ein allzu direktes Fragen verbietet. Wenn wirklich etwas nicht stimmt, werden Sie es natürlich auch nie konkret gesagt bekommen, sondern müssen Schlussfolgerungen aus nicht Gesagtem ziehen, Gespür entwickeln. Wenn bei der Frage, ob man denn vom Vorgänger noch einige Tipps bekommen kann, peinliches Schweigen entsteht, sollte man jedenfalls aufmerksam werden.

Einarbeitung

Das nächste Stichwort ist bereits gefallen und steht auch mit der vorhergehenden Frage in engem Zusammenhang. Eventuell ist Ihre Vorgängerin noch da und kann Sie einarbeiten. Bei einer neuen Stelle oder wenn sich Betrieb und Vorgänger nicht im Guten getrennt haben, wird mehr Eigeninitiative nötig sein, um sich das erforderliche Wissen anzueignen. Je nachdem wird Ihre Anfangszeit im neuen Betrieb unterschiedlich ausfallen: Entweder es geht gemächlich los, oder Sie werden ins kalte Wasser geworfen. Besser oder schlechter muss weder das eine noch das andere sein – aber Sie sollten es wissen.

Arbeitszeitregelung

Thema Pausen und Urlaub: Halten Sie sich lieber zurück

Bei der Frage nach der Arbeitszeitregelung sollten Sie, wie weiter oben schon angesprochen, nicht zu sehr ins Detail gehen. Auch die Frage nach dem Urlaub kommt im Vorstellungsgespräch im Allgemeinen nicht so gut an. Schließlich möchten Sie erst einmal zeigen, dass Sie arbeiten wollen. Aus ähnlichen Gründen sollten Sie nicht direkt nach Pausen fragen. Aber die Arbeitszeitgestaltung greift natürlich sehr weitgehend in Ihr Leben ein, so dass Sie die grundsätzliche Regelung schon erfahren sollten. Einige Stichworte wie Gleitzeit, Nachtarbeit oder Schichtdienst mögen die Problematik verdeutlichen.

Gehalt

Die Gehaltsfrage wird immer vom Betrieb angeschnitten

Die Gehaltsfrage sollten Sie nicht selber anschneiden. Oft kommt dieses Thema von der Betriebsseite gegen Ende des Gesprächs und ist dann bereits ein erstes Zeichen, dass die Aussichten nicht ganz schlecht stehen. Wenn schon vorher alles schief gelaufen ist, wird diese Frage gar nicht mehr zum Thema werden. Klären Sie die Frage so weit, wie es für Ihre Entscheidung relevant ist. Bedenken Sie dabei, dass nicht nur das Grundgehalt, sondern auch Zulagen, Provisionen, Mitarbeiterrabatte, Firmenwagen, Sozialleistungen, Altersversorgung etc. erst gemeinsam ein Gesamtbild ergeben und einiges durch andere Leistungen wieder aufgewogen werden kann, auch durch spätere Entwicklungsmöglichkeiten.

Stecken Sie einen Gehaltsrahmen ab

In einem ersten Gespräch wird im Allgemeinen nur ein Rahmen abgesteckt, der zeigt, ob man sich voraussichtlich in späteren Detailverhandlungen wird einigen können. Auf jeden Fall sollten Sie sich vor dem Gespräch einen Gehaltsrahmen abstecken, für den Sie zu arbeiten bereit sind. Wenn Sie unsicher über die Höhe des Gehalts sind, die Sie verlangen können: Im Abschnitt „Die Gehaltsfrage“ erhalten Sie weitere Hinweise.

Kollegen

Sie arbeiten nicht allein, sondern mit Kollegen und eventuell Ihnen Untergebenen zusammen. Damit Sie ein zutreffendes

Gesamtbild von Ihrer möglichen neuen Stelle erhalten, sollten Sie auch hierüber etwas wissen. Dazu gehört die Zahl Ihrer künftigen Kollegen bzw. Mitarbeiter. Die Frage nach der Hierarchie ist wichtig: Sind Sie derjenige, dem alle etwas sagen dürfen, oder haben Sie die Verantwortung für eigene Mitarbeiter? Die Atmosphäre bzw. das Betriebsklima, der Umgangston, das Alter Ihrer Kollegen sind sicher interessant, aber wahrscheinlich sehr schwer zu erfragen, oft vielleicht durch das Achten auf Zwischentöne in Erfahrung zu bringen. Bedeutsam ist auch zu klären, inwieweit Team- oder Einzelarbeit gefragt ist.

Arbeitsplatz

Die Frage, wie Ihr künftiger Arbeitsplatz beschaffen ist, wird sicher nicht in allen Einzelheiten im Vorstellungsgespräch besprochen werden; wenn es nicht gut läuft, wird es womöglich gar nicht so weit kommen. Aber mitunter sind Fragen danach aus gesundheitlichen Gründen wichtig. Hier ist es oft angezeigt, die Augen offen zu halten, wie man im Betrieb dem Anschein nach mit Sicherheitsvorschriften umgeht.

Beginn

Der mögliche Arbeitsbeginn ist für beide Seiten relevant

Die Frage, wann Sie Ihre neue Arbeit aufnehmen, wird kaum ungeklärt bleiben, weil sie für beide Seiten von zentraler Bedeutung ist. Da oft Kündigungsfristen zu beachten sind, müssen Sie herausfinden, wie man hier zueinander finden kann.

Probezeit

Eine sechsmonatige Probezeit ist üblich

Am Beginn Ihrer neuen Tätigkeit wird wahrscheinlich zunächst eine Probezeit stehen, innerhalb derer beide Seiten den Arbeitsvertrag vereinfacht kündigen können. Die Dauer kann variieren (meist sind es drei oder sechs Monate) und dürfte für Sie von Interesse sein.

Wann bekomme ich Bescheid?

Weil Sie sich vermutlich nicht nur auf eine Stelle beworben haben, ist die Frage, wann eine Entscheidung fällt, für Sie zur Koordination recht wichtig. Auch falls Sie eine alte Stelle kündigen müssen, brauchen Sie hier natürlich möglichst früh Auskunft.

Die hier erläuterten Fragen dürften in jedem Fall zum Gesprächsthema werden. Darüber hinaus wird jeder Bewerber natürlich viele Fragen haben, die ihm persönlich am Herzen liegen. Interessant für Sie und Ihre Familie sind außerdem sicherlich auch Informationen über den eventuell neuen Wohnsitz, die Sie allerdings zumeist nicht aus dem Gespräch selbst in Erfahrung bringen werden, z.B. Lebenshaltungskosten, Wohnungsmarkt, Verkehrsverhältnisse, Schulen, Kultur, Freizeit, Umgebung, Klima.

Ablaufplanung

Proben Sie den Gesprächsablauf mit Freunden

Nachdem Sie nun mit Informationen über Branche, Stelle und Betrieb, genauer Kenntnis Ihrer eigenen Angebotspalette sowie Ihrer persönlichen Forderungen und einem wohlüberlegten Fragenkatalog für das Vorstellungsgespräch gewappnet sind, sollten Sie vor noch einem weiteren Schritt in der Vorbereitung nicht zurückschrecken: Nehmen Sie sich die Zeit, den zu erwartenden Ablauf des Gesprächs ganz genau im Geiste vorwegzunehmen (dies wird Ihnen leichter fallen, nachdem Sie dieses Buch zu Ende gelesen haben); üben Sie das Vorstellungsgespräch vorher. Fragen Sie vielleicht sogar gute Freunde bzw. Familienangehörige, ob Sie die Gegenseite zu übernehmen bereit sind. Lassen Sie sich möglichst unangenehme Fragen stellen, und Sie werden sehen, ob Sie tatsächlich überzeugende Antworten darauf wissen. Daran werden Sie erkennen, dass sich der Aufwand lohnt. Arbeiten Sie Antworten auf mögliche Schwachstellen noch einmal genau aus.

Vergegenwärtigen Sie sich deshalb auf jeden Fall vor dem Termin, woran Sie im Vorstellungsgespräch stets denken müssen:

- Sie wollen einen sympathischen persönlichen Eindruck machen.
- Sie wollen vermitteln, die richtige Mitarbeiterin oder der richtige Mitarbeiter zu sein.
- Sie wollen aber auch alle für Sie notwendigen Informationen bekommen.

Negative Aussagen über ehemalige Arbeitgeber und Kollegen sind tabu

Üben Sie, auf Ihren Gesprächspartner einzugehen, versuchen Sie, Interesse zu wecken und Nutzen zu bieten. Vermeiden Sie, über eine ehemalige Arbeitsstelle schlecht zu sprechen, auch wenn es noch so berechtigt wäre.

Üben Sie ganz besonders, die einzelnen Stationen Ihres Lebenslaufs zielgerichtet vorzutragen. Worauf es dabei ankommt, erfahren Sie in einem späteren Abschnitt genauer. Sie werden dort sehen, dass Sie den Vortrag folgender Punkte ganz besonders vorbereiten sollten:

- Präsentation Ihres Lebenslaufs in einer kurzen und einer langen Version
- Darstellung Ihrer Ausbildung
- Schilderung Ihrer beruflichen Erfahrung
- Logisch schlüssige Erklärung von Lücken, Umorientierungen, Umwegen
- Motivation und Begründung Ihrer beruflichen Entscheidungen
- Präsentation Ihrer persönlichen Eigenschaften

Die Präsentation des Lebenslaufs muss zielgerichtet sein

Es geht dabei nie darum, detailliert Rechenschaft abzulegen,was Sie so alles getan haben. Es kommt vielmehr darauf an, bei der Schilderung einzelner Stationen den Bezug zur angestrebten Stelle herauszuarbeiten. Aus Ihrer Information über Stelle, Betrieb und Branche wissen Sie, was gefordert wird. Aus Ihrer Schilderung sollte hervorgehen, was aus Ihrem Werdegang zur Erfüllung dieser Forderungen beitragen kann. Zählen Sie also z.B. bei der Frage nach Ihrer Berufsausbildung nicht alles auf, was Sie gelernt und getan haben, sondern greifen Sie beispielhaft ein, zwei Aufgaben heraus, die Sie für Ihren künftigen Arbeitgeber für wichtig halten, und erzählen Sie darüber genauer. Dies lässt sich mit kritischen Freunden gut üben.

Ein böser Fauxpas: Widersprüche zwischen schriftlich eingereichten Informationen und persönlichem Vortrag

Lesen Sie übrigens auch den gesamten Schriftwechsel mit dem Betrieb noch einmal, damit Sie nicht plötzlich im Gespräch etwas anders darstellen als im Bewerbungsschreiben oder Lebenslauf.

Vorher anrufen?

Ist es richtig oder falsch zu versuchen, mit der künftigen Gesprächspartnerin bzw. dem Gesprächspartner im einladenden Betrieb schon vorab telefonisch Kontakt aufzunehmen? Darauf ist keine allgemein gültige Antwort möglich. Es gibt Leute, die sind am Telefon unschlagbar. Da kann es dann gelingen, schon vorab eine gute persönliche Basis für das künftige Gespräch zu schaffen. Andere sind am Telefon eher unbeholfen. Hier kann es dann auch passieren, einen negativen Voreindruck zu vermitteln. Sie selber, Freundinnen und Freunde können am besten einschätzen, zu welchem Typ Sie gehören. Allerdings lässt sich Telefonieren auch lernen. Es gibt nämlich eine ganze Reihe von Gründen, zum Telefonhörer zu greifen:

- Sie wollen den genauen Gesprächstermin abmachen oder bestätigen.
- Sie wollen vorab erfahren, wer Ihre Gesprächspartner sein werden.
- Sie wollen offene Fragen klären.
- Sie wollen sich nach dem Gespräch nach dem Ergebnis erkundigen.

Im Einzelnen folgt zu allen diesen Punkten später mehr. Hier nur einige grundlegende Tipps:

Ein spontaner Anruf vorab kann auch schaden

Bereiten Sie sich auf ein Telefongespräch gut vor. Überlegen Sie sich vorher genau, was Sie fragen wollen, schreiben Sie es womöglich sogar auf ein Blatt, das Sie neben das Telefon legen. Seien Sie genauso auf die Möglichkeit gefasst, dass auch Ihr Gegenüber Ihnen Rückfragen stellt. Legen Sie sich Antworten auf mögliche Fragen zurecht. Platzieren Sie den Lebenslauf neben dem Telefon. Überlegen Sie auch, wie viel Sie über Ihre Person zu sagen bereit sind.

Treffen Sie dann Vorsorge, dass Ihr Gespräch ungestört ablaufen kann. Unterbrechungen durch uneingeweihte WG-Genossen, quengelnde Kinder oder Lärm durch das offene Fenster können den harmonischen Gesprächsablauf empfindlich beeinträchtigen.

Lassen Sie sich nicht aus dem Konzept bringen oder gar abwimmeln, wenn Sie mit Ihrem Anruf zunächst in einer Telefonzentrale oder bei einer Sekretärin landen. Verlangen Sie Ihren gewünschten Gesprächspartner. Je nach der Frage, die Sie stellen wollen, kann die Personal-, die Fachabteilung oder das Sekretariat die richtige Stelle sein: „Guten Tag, mein Name ist … Ich möchte … Wer ist dafür zuständig?“

Wenn Sie mit Ihrem Gesprächspartner verbunden sind, bringen Sie Ihr Anliegen in konstant höflicher und freundlicher Form vor und versuchen Sie, auf alle wichtigen Fragen Auskunft zu bekommen. Bemühen Sie sich, sich die Gesprächsführung nicht entreißen zu lassen. Hören Sie aber auch gut zu! Fragen Sie nach, wenn Sie z.B. einen Namen nicht verstanden haben. Ihr Ziel muss es sein, Interesse und Sympathie zu erwecken.

Fragen Sie vor einem längeren Gespräch, ob Ihr Gegenüber gerade einen Augenblick Zeit für Sie hat, und machen Sie gegebenenfalls lieber einen besseren Gesprächstermin aus. Vereinbaren Sie zum Schluss das weitere Vorgehen.

Wie bereitet sich mein Gesprächspartner vor?

Die Personalabteilung ist meist gut vorbereitet

Viele Unsicherheiten in Vorstellungsgesprächen rühren daher, dass man gar nicht so recht durchschaut, worum es eigentlich genau geht. Hier ist es sicher hilfreich, einmal der Gegenseite über die Schulter zu blicken. Grundsätzlich bereiten sich Ihre Gesprächspartner genau wie Sie vor – mehr oder weniger gründlich, je nach Typ oder Routine:

- Sie informieren sich über Bewerberin bzw. Bewerber.
- Sie überlegen, welches Angebot der Betrieb ihr oder ihm machen kann.
- Sie legen fest, welche Anforderungen die geeignete Kandidatin oder der geeignete Kandidat erfüllen muss.
- Sie arbeiten einen Katalog von Fragen aus, die sie Bewerberin oder Bewerber stellen müssen.
- Sie bereiten den Gesprächsablauf vor.

Information über den Bewerber

Ihre Gesprächspartner wollen schon vor dem Gespräch möglichst viel über die Kandidaten wissen, denen Sie eventuell eine Stelle in ihrem Hause anbieten werden – im Idealfall, muss es allerdings heißen; einige sind schlicht zu faul, sich zu informieren. Sie werden das im Gesprächsverlauf merken, wenn Ihnen Ihr Gegenüber Fragen stellt, die alle schon aus Ihren Unterlagen hervorgehen. Das ist etwas entnervend, aber wenn Sie an der Stelle interessiert sind, dürfen Sie sich nichts anmerken lassen, sondern beantworten höflich und geduldig alle Fragen. Denken dürfen Sie sich Ihr Teil. Allerdings kann es auch sein, dass Ihr Gesprächspartner sehr wohl informiert ist, mit seiner Frage jedoch etwas Bestimmtes bezweckt. Vielleicht hat sie oder er noch Unklarheiten oder möchte Begründungen erfahren. Dazu später mehr.

Die Informationsquelle Ihrer Gesprächspartner aus Personalabteilung, Fachabteilung und Geschäftsführung wurde schon genannt: Es sind Ihre zuvor schriftlich eingereichten Bewerbungsunterlagen. Dazu gehören Ihr Bewerbungsschreiben, Ihr Lebenslauf mit Lichtbild (hoffentlich sehen Sie auch aus wie auf dem Foto, und Ihr Gesprächspartner erkennt Sie wieder!) sowie, soweit beigefügt, Ausbildungszeugnisse, Arbeitszeugnisse, Arbeitsproben und sonstige Bescheinigungen. Wenn Sie Referenzen nennen sollten, wird man sich wahrscheinlich bei den angegebenen Personen über Sie erkundigen, unter Umständen könnte auch ohne Ankündigung bei Ihrem vorherigen Arbeitgeber angefragt werden, aber sowohl dieses Vorgehen als auch Referenzeinholung sind Ausnahmefälle. Weitere Informationen können aus einem Personalfragebogen hervorgehen, der Ihnen mitunter vor dem Gespräch vorgelegt wird, manchmal direkt vor dem Gespräch, zuweilen bekommen Sie ihn vorab nach Hause gesandt. (Zu Personalfragebögen folgt später ein eigener Abschnitt.)

Informationsquelle des Betriebes: die Bewerbungsunterlagen

In erster Linie wollen sich Ihre Gesprächspartner über Ihre fachliche Eignung informieren, aber auch über Ihre Persönlichkeit. Beim Studium Ihrer Unterlagen werden die Bearbeiter auf Punkte stoßen, auf die sie keine Antwort finden, bei denen sie Zweifel haben oder Unklarheiten bleiben, und dazu werden sie dann im Gespräch Fragen stellen. Diese Fragen zielen typischerweise auf Begründungen für den Ablauf Ihres beruflichen Werdegangs, besonders für eventuelle Lücken oder scheinbare logische Brüche.

Leistungsangebot des Betriebs

Der Betrieb, der eine Stelle zu besetzen hat, muss ja auch seiner zukünftigen Mitarbeiterin oder seinem Mitarbeiter etwas bieten. Hier wird die Vorbereitungsarbeit Ihrer Gesprächspartner in der Regel nicht allzu groß sein. Schließlich kennen sie ihren Betrieb und können ohne besondere Vorbereitung etwas über seine Vorzüge berichten, und in größeren

Der Betrieb wird vorab ein Angebotspaket für Sie schnüren

Betrieben ist auch vieles in Organisationsplänen, Stellenbeschreibungen etc. festgelegt. Auf jeden Fall muss sich die betriebliche Seite vor dem Gespräch Gedanken über die Konditionengestaltung machen (Gehalt, Arbeitszeit, Probezeit, Beginn der Tätigkeit etc.), die sie Ihnen anbieten kann. Ihr Gesprächspartner wird also mit ziemlicher Sicherheit zumindest mit einem Verhandlungsrahmen für die Gehaltshöhe usw. ausgestattet antreten. Die Personalabteilung schließlich wird sich in der Regel über Einzelheiten der Stelle, der Aufgaben und des Arbeitsplatzes genauer informieren müssen; dies wiederum ist den Mitarbeitern der Fachabteilung, die eventuell am Gespräch teilnehmen, besser bekannt.

Forderungen und Ziele des Betriebs

Wenn sich ein Betrieb entschließt, eine Arbeitsstelle anzubieten, können dafür verschiedene Gründe ausschlaggebend sein:

- Der Betrieb ist gewachsen und die Arbeitsmenge hat zugenommen, sei es durch Absatzsteigerung, Aufkauf anderer Unternehmen oder Hinzunahme neuer Geschäftsfelder.
- Die bisherige Stelleninhaberin oder der bisherige Stelleninhaber steht nicht mehr zur Verfügung, aufgrund von Pensionierung, Krankheit, Mutterschaft, Versetzung, Kündigung oder Entlassung, und lässt sich nicht innerbetrieblich ersetzen.
- Der Betrieb arbeitet vorausschauend und stellt eine Personalreserve ein, z.B. Lehrlinge oder Trainees.

In jedem Fall richten sich die Forderungen des Betriebs nach der zu besetzenden Stelle. War die Stelle zuvor schon besetzt, werden genauere Kenntnisse vorliegen, welche Qualitäten verlangt werden, zum Teil durch interne Stellenbeschreibungen, zum Teil durch die Leistungen bisheriger Stelleninhaber. Ist die Stelle neu, wird mangels Erfahrungen bei den zu fordernden und erfüllenden Eigenschaften vielleicht ein etwas größerer Spielraum bestehen, auch für Sie als Bewerber. Jedenfalls werden Personal- und Fachabteilung, eventuell auch Geschäftsleitung, vor dem Gespräch einen mehr oder weniger detaillierten Katalog mit Forderungen an die künftige Stelleninhaberin oder den Stelleninhaber aufstellen. Oft wird so ein regelrechtes Anforderungsprofil aufgestellt, mit einer Auswertungstabelle, in die nach dem Gespräch Ergebnisse eingetragen werden und mit der eine Rangliste aufgestellt wird. Die Forderungen beziehen sich wiederum auf:

Der Betrieb wird auch einen Anforderungskatalog für Sie bereit halten

- Ihre Kenntnisse
- Ihre Fähigkeiten
- Ihre Erfahrungen
- Ihre Eigenschaften

Insbesondere wird hier Ihr beruflicher Werdegang interessant sein. Dazu zählen Schulbesuch, gegebenenfalls Wehr- oder Zivildienst, Berufsausbildung, Studium, Berufserfahrung, berufliche Zusatzqualifikation (z.B. Meisterprüfung, Praktika, Volontariate, Weiterbildungsseminare), besondere Kenntnisse und Fähigkeiten (z.B. Sprachkenntnisse, Maschineschreiben, Erfahrung mit Textverarbeitung oder sonstigen Computerprogrammen). Darüber hinaus wird auch wichtig sein, wie Sie mit Ihrer Persönlichkeit zum Betrieb passen. Hier kommen subjektive Faktoren ins Spiel, die vielfach nirgends festgelegt sind, die Sie aber nicht unterschätzen dürfen. Andere persönliche Eigenschaften wie Durchsetzungsfähigkeit oder Verhandlungsgeschick werden aber auch ausdrücklich formuliert. Ein Teil der Forderungen wird für Sie der Stellenanzeige zu entnehmen sein, insbesondere die objektiven Faktoren. Aber leider gelingt es nicht jedem Betrieb, ein Stellenangebot anständig zu formulieren.

Kompetenz und Persönlichkeit werden bewertet

Nach den geforderten Qualitäten wird Ihr Gegenüber nun aber nie direkt fragen, weil sie oder er sonst immer ein „Ja" hören wird. Gefragt wird statt dessen nach konkreten Beispielen, die Auskunft über die geforderten Merkmale zu geben versprechen und bei denen man erwartet, ehrliche Auskünfte zu erhalten. Aus diesem Zwiespalt resultiert die ganz charakteristische Gesprächssituation beim Vorstellungsgespräch. Man durchschaut nicht immer gleich, was mit einer Frage gemeint ist. Bei den subjektiven Kriterien dagegen können Sie fachlich noch so gut sein, hier wird zu einem guten Teil nach Sympathie entschieden, und darauf haben Sie nur eingeschränkt Einfluss. Dazu später mehr.

Sympathie gibt oft den letzten Ausschlag

Fragen an den Bewerber

Aus der Vorbereitung Ihrer Gesprächspartnerin oder Ihres Gesprächspartners – Information über Sie, Festlegung des Angebots, das Ihnen gemacht werden kann, und Zusammenstellung der Forderungen an Sie – ergeben sich die Fragen, die Ihnen gestellt werden. Typischerweise wird Ihr Gegenüber allerdings keine schriftliche Liste dabeihaben, von der sie oder er abliest, sondern wird das Gespräch frei führen – was Sie grundsätzlich auch tun sollten, von gelegentlichen Blicken auf Ihren Spickzettel abgesehen. Solche Rückversicherungen wird Ihr Gesprächspartner womöglich auch vornehmen, denn Ihre kompletten schriftlichen Bewerbungsunterlagen wird er in der Regel zum Vorstellungsgespräch mitbringen.

Aus Ihren Bewerbungsunterlagen (und einem eventuellen Personalfragebogen) können sich Fragen ergeben, die vor allem Begründungen für Ihre berufsrelevanten Entscheidungen und den zeitlichen Ablauf betreffen. Das Angebot, das Ihnen der Betrieb machen möchte, wird vor allem zu der Frage führen, inwieweit Sie mit den Konditionen einverstanden sind. Der größte Teil der Fragen wird sich schließlich

Überqualifikation ist ebenso unerwünscht wie Unterqualifikation

um das Thema drehen, wie weit Sie den Kriterien des vom Betrieb aufgestellten Forderungskatalogs entsprechen. Unterqualifikation wird hier übrigens im Allgemeinen ebenso wenig gewünscht wie Überqualifikation. Eine eventuelle Absage bedeutet nicht, dass Ihre Qualifikation schlecht wäre, sondern immer lediglich, dass sie zu dieser Stelle nicht passt.

Was genau gefragt wird, ist zentrales Thema des späteren Kapitels „Der Ablauf des Vorstellungsgesprächs". Je nach Typ und Routine des Interviewers wird dieses Vorgehen unterschiedlich geschickt sein. Auch hier gibt es Anfänger und Profis. Typisch ist, wie schon angesprochen, in vielen Fällen ein etwas indirektes Fragen. Die Absicht ist dabei nicht, Sie hereinzulegen, sondern unehrliche Antworten zu vermeiden. Sie sollten also nicht die ganze Zeit misstrauisch nach Fallen Ausschau halten, denn damit macht man keinen sympathischen Eindruck.

Wissenschaftler haben übrigens untersucht, wonach Personalfachleute in Einstellungsgesprächen am häufigsten fragen bzw. worauf sie am meisten Wert legen. Das sind:

- Auftreten
- Qualifikation (Ausbildung, Berufserfahrung, Fachkenntnisse)
- Intelligenz
- Besondere Kenntnisse und Fähigkeiten, Weiterbildung und Zusatzqualifikation
- Interessen
- Persönlicher Hintergrund
- Führungserfahrung
- Motivation der Bewerbung

Gesprächsplanung

Auch Ihre Gesprächspartnerin oder Ihr Gesprächspartner wird den Ablauf des Vorstellungstermins im Geiste vorweg-

Sagen Sie einen vorgeschlagenen Termin nur im Notfall ab

nehmen. Allerdings wird diese Planung je nach Temperament und Routine unterschiedlich gründlich ausfallen. Während mancher Interviewer folglich ganz auf seine Spontaneität vertrauend ins Gespräch gehen wird, muss jeder sich Gedanken über den örtlichen und zeitlichen Ablauf machen. In aller Regel wird Ihnen in der Einladung zur Vorstellung ein Termin und ein Treffpunkt vorgeschlagen. Diesem Vorschlag geht eine mehr oder weniger komplizierte Koordination voraus, denn alle am Gespräch von betrieblicher Seite Beteiligten, von Personalabteilung über Fachabteilung bis Geschäftsleitung, müssen unter einen Hut gebracht werden, und dann muss sich auch noch ein Raum finden, zumeist im Betrieb selbst, selten auch an neutralem Ort wie in einem Hotel. An dieser Aufzählung merken Sie schon, dass der Betrieb es am liebsten sähe, wenn Sie den Termin so wie vorgeschlagen auch annehmen. Natürlich wissen Ihre Gesprächspartner auch, dass immer etwas dazwischenkommen kann, aber wenn Sie einen Termin ablehnen, sollten Sie einen guten Grund angeben.

Daneben werden sich die Gesprächsteilnehmer vorab auch oft auf eine Rollenverteilung im Gespräch einigen.

Praktische Dinge

In diesem Abschnitt sind all die mehr praktischen Überlegungen im Vorfeld eines Vorstellungstermins zusammengefasst, die nicht zum eigentlichen Inhalt des Gesprächs gehören und dennoch bedacht werden wollen. Hierzu zählen:

- Die Vereinbarung des Gesprächstermins
- Die Art der Anreise
- Die Wahl der Kleidung
- Die Entscheidung, welche Unterlagen Sie mitnehmen

Hierzu die wichtigsten Hinweise im Folgenden.

Terminvereinbarung

Eine telefonische Terminbestätigung empfiehlt sich

Wenn Sie zu einem persönlichen Vorstellungsgespräch eingeladen werden, wird in dem Schreiben in aller Regel auch ein Ort (meist der Betrieb selbst) und Termin vorgeschlagen. Das gleiche gilt, wenn Sie telefonisch benachrichtigt werden. In selteneren Fällen wird zur Vereinbarung um einen Rückruf gebeten. Ihr Anruf zur Terminbestätigung empfiehlt sich aber auch, wenn Ihnen schriftlich ein Termin vorgeschlagen wird, den Sie annehmen wollen. Oft werden Sie im Schreiben auch ausdrücklich dazu aufgefordert. Mit diesem Anruf brauchen Sie sich – sofern vorhanden – nur an das Sekretariat zu wenden, nicht an Ihre künftige Gesprächspartnerin oder Ihren Gesprächspartner selbst.

Ein möglicher Grund für die Terminbestätigung ist jedoch nicht nur die Höflichkeit, sondern Sie können diesen Anruf auch noch zu weiteren Zwecken nutzen:

- Sie können sich erkundigen, wer Ihre Gesprächspartner sein werden, z.B. um sie bereits mit Namen anreden zu können.
- Sie können fragen, inwieweit Ihre Reisekosten erstattet werden, wenn das Einladungsschreiben in diesem Punkt unklar ist.
- Sie können wichtige offene Fragen abklären.
- Sie können versuchen, schon im Vorfeld eine persönliche Beziehung herzustellen, wenn Sie gutes Geschick zum Telefonieren haben.

Die Frage nach den Namen der Gesprächspartner und den Reisekosten können Sie ebenfalls ans Sekretariat richten, für offene Fragen und zum Gutwettermachen müssen Sie sich allerdings mit der zuständigen Person in der Personal- oder Fachabteilung verbinden lassen. Weitere Tipps zum Thema Telefonieren finden Sie in einem eigenen Abschnitt weiter oben.

Ihr Gesprächspartner für Terminverschiebungen: das Sekretariat

Grundsätzlich sollten Sie einen vorgeschlagenen Gesprächstermin annehmen, wenn es nur irgendwie geht. Wie schon geschildert, sind im Betrieb einige Abstimmungsprozesse erforderlich, bevor ein Terminangebot zustande kommt. Allerdings gibt es natürlich Situationen, in denen Sie einen vorgeschlagenen Termin nicht wahrnehmen können, z.B. weil Sie an diesem Tag Examen haben oder Sie im Krankenhaus liegen. Sofern Sie plausible Gründe nennen können, ist eine Terminverlegung unproblematisch. Auch hierfür ist Ihr bevorzugter Gesprächspartner wieder das Sekretariat. Sie können einen Gegenvorschlag machen, oft wird aber der Betrieb Ihnen, nach entsprechender Abstimmung sofort oder später, einen Ausweichvorschlag anbieten.

Wenn Sie sich allerdings auf einen Ausweichtermin geeinigt haben, dann müssen Sie schon außergewöhnlich gute Gründe angeben können, falls Sie später entdecken, dass Sie auch diesen nicht wahrnehmen können. Hier dürfte sonst das Interesse an Ihnen vorzeitig erlöschen.

Günstige Termine sind die Tage vor und nach Wochenenden

Zum Schluss noch allgemeine Hinweise zur günstigen Terminvereinbarung, sofern Ihnen die Wahl bleibt. Wer noch eine feste Beschäftigung hat, will oft nicht, dass man am alten Arbeitsplatz von den Bewerbungsaktivitäten erfährt. Dafür wird der neue Stellenanbieter im Allgemeinen Verständnis haben. Mitunter lässt sich dann als Gesprächstermin sogar ein arbeitsfreier Samstag vereinbaren. Das dürfte allerdings selten gelingen. Am ehesten könnten Sie mit unkonventionellen Terminvereinbarungen Erfolg haben, falls das Gespräch zunächst bei einem Personalberatungsunternehmen stattfindet. Im Übrigen werden Ihre Gesprächspartner, vor allem in großen Betrieben, normalerweise auf ihren Dienstzeiten beharren. In diesem Falle sind Tage vor oder nach Wochenenden und Feiertagen eine Alternative. Bei Ihrem alten Arbeitgeber wirkt es dann so, als ob Sie nur ein verlängertes Wochenende machen wollten.

Oft wird schließlich dazu geraten, den Termin beim potentiellen Lieblingsarbeitgeber nicht gerade als ersten wahrzunehmen. Statt dessen sollten Sie, quasi zum Üben, weniger interessante Stellen vorziehen. Da beim ersten Vorstellungsgespräch oft nicht alles nach Wunsch läuft, wäre so der Schaden nicht so groß. Bei folgenden Gesprächen hätte man dann schon mehr Routine. Andererseits kann auch beim ersten Vorstellungsgespräch alles ganz wunderbar laufen. Und außerdem müssen Sie eine solche Reihenfolge schon ab dem Zeitpunkt der Bewerbung planen und können selbst dann nicht sicher sein, ob die Betriebe nicht ganz unterschiedlich lange für die Bearbeitung brauchen, so dass Ihre Reihenfolge wieder durcheinander gerät.

Das klappt nicht immer: Vor dem Termin beim Wunsch-Arbeitgeber bei anderen Gesprächen Routine sammeln

Beachten Sie bei der Terminvereinbarung auch Ihre Möglichkeiten zur Anreise. Wenn der Betrieb Ihnen einen Terminvorschlag macht, wird er im Allgemeinen dabei berücksichtigen, dass Sie rechtzeitig und möglichst ohne Übernachtung eintreffen können. Wenn nicht, müssen Sie sich melden. Dazu mehr im folgenden Abschnitt.

Anreise

Wenn Sie sich nun auf einen Termin geeinigt haben, müssen Sie planen, ob Sie mit öffentlichen Verkehrsmitteln anreisen oder individuell. Wenn Sie Glück haben, verrät Ihnen das Einladungsschreiben alles Wichtige. Wenn nicht, müssen Sie den Weg selber herausfinden, z.B. mit einem Stadtplan, oder Sie fragen im Sekretariat nach.

Oberstes Gebot ist, dass Sie pünktlich eintreffen. Die Forderung nach Pünktlichkeit ist derart allgemein verbreitet, dass Sie sich mit Sicherheit gleich ganz dicke Minuspunkte einhandeln, wenn Sie zu spät kommen.

Pünktlichkeit ist selbstverständlich

Wenn also während der Anreise tatsächlich etwas schief geht und Sie absehen können, dass Sie nicht mehr rechtzeitig eintreffen, rufen Sie auf jeden Fall an. Sie können vereinbaren, dass Sie später kommen, oder eventuell gleich einen Ausweichtermin ausmachen.

Vermeiden Sie Stress bei der Anreise

Planen Sie bei Ihrer Anreise am besten gleich ein wenig Spielraum ein. Wenn Sie dann tatsächlich zu früh da sind, können Sie die Zeit nutzen, um sich die neue Umgebung schon einmal auf einem Spaziergang anzusehen oder Ihre Unterlagen noch einmal durchzulesen. Gehen Sie aber nicht zu früh herein: Das Warten oder die Begegnung mit vorherigen Bewerbern könnte Sie nervös machen, umgekehrt könnte sich Ihr Gesprächspartner unter Druck gesetzt fühlen, den Termin vorzuziehen. Beides schafft keine gute Atmosphäre. Falls es regnet, können Sie in großen Betrieben eventuell am Empfang darum bitten, Sie drinnen warten zu lassen, ohne Sie bereits in der Personalabteilung zu melden. Kurz vor der vereinbarten Zeit melden Sie sich dann noch einmal.

Standard: Die Kostenerstattung für eine Bahnfahrt 2. Klasse

Wie Sie anreisen, ist prinzipiell Ihnen überlassen. Zum Thema Kostenerstattung nach dem Gespräch finden Sie einen eigenen Abschnitt (siehe Seite 148). In aller Regel wird auf der Basis einer Bahnfahrt zweiter Klasse abgerechnet. Machen Sie sich auf jeden Fall vorher mit Anreiseweg und Fahrtzeiten vertraut, um am Vorstellungstag vermeidbaren Stress zu vermeiden. Wenn Sie mit Bus und Bahn anreisen, sollten Sie mögliche Verspätungen und verpasste Anschlüsse einkalkulieren. Bei der Anreise mit dem eigenen Fahrzeug müssen Sie mit Staus und Umleitungen rechnen. Wichtig ist vor allem, dass Sie ausgeruht und nicht abgekämpft von der Fahrt ankommen.

Wenn Ihr Anreiseweg sehr weit ist, kommen auch die Möglichkeiten Übernachtung oder Flugzeug in Betracht. In beiden Fällen empfiehlt sich zur Klärung der Kostenübernahme eine vorherige Absprache. Oft wird man im Einladungsschreiben in solchen Fällen von selbst darauf eingehen. Vielfach wird der Betrieb Ihnen ein Hotelzimmer besorgen, anderenfalls kann er Ihnen wenigstens bei der Beschaffung helfen. Eine Übernachtung bietet Ihnen zusätzlich die Möglichkeit, Ihr eventuelles neues Lebensumfeld schon einmal anzusehen.

Grundsätzlich sollten Sie sich für den Tag eines Vorstellungsgesprächs nichts anderes mehr vornehmen, sondern den ganzen Tag dafür reservieren. Sie setzen sich sonst nur unnötig selber unter Druck. Opfern Sie also in jedem Fall einen ganzen Urlaubstag, wenn Sie noch beschäftigt sind. Hat man Ihnen gekündigt, haben Sie übrigens Anspruch darauf, zu einem Vorstellungstermin freizubekommen.

Reservieren Sie sich den ganzen Tag für das Vorstellungsgespräch

Kleidung

Was soll man nun zum Vorstellungsgespräch anziehen? Hier gibt es keine für alle Fälle gültige Antwort. Der klassische Anzug bzw. das Kostüm sind also nicht immer richtig. Vielmehr gilt:

- Die Kleidung sollte zur angestrebten Stelle passen.
- Die Kleidung muss aber auch zu Ihnen passen.

Die Kleidung spielt eine wichtige Rolle bei dem oft entscheidenden ersten Eindruck. Es ist ein erster Pluspunkt für Sie, wenn Ihr Gegenüber nach Ihrer Kleidung den Eindruck hat, dass Sie zu seiner Firma passen. Umgekehrt wird Ihnen die Wahl der in diesem Sinne richtigen Kleidung Sicherheit verleihen. Wenn Ihr Gesprächspartner Krawatte und Sie ein T-Shirt tragen, werden Sie sich gleich unterlegen fühlen. Allerdings werden Sie auch nur dann einen guten und selbstsicheren Eindruck machen, wenn Sie sich in Ihrer Kleidung wohl fühlen und nicht etwa „verkleidet“.

Die Kleidung kann Ihnen erste Pluspunkte verschaffen

Zur angestrebten Stelle passt Ihre Kleidung, wenn Sie sich eine Nuance feiner anziehen als bei Ihrer späteren Arbeit. Zur Vorstellung bei einer Bank, Versicherung, Anwaltskanzlei, bei Wirtschaftsprüfern und Unternehmensberatern gehört also tatsächlich das Kostüm oder der dunkle Anzug mit Krawatte dazu. Hier stoßen Sie „underdressed“ auf Vorurteile. Bei den hier oft bemühten Werbeagenturen, EDV-Betrieben oder sonstigen „Kreativen“ ist dagegen wahrscheinlich ein etwas cooleres Outfit angesagt. Hier können Sie tatsächlich auch „overdressed“ von vornherein durchs Raster fallen. Zur Einschätzung gehört ein wenig Fingerspitzengefühl.

Denken Sie nicht nur an die Branche, sondern auch daran, ob Sie eine leitende oder nachgeordnete Position anstreben, ob Sie Kundenkontakt haben werden oder im Innendienst tätig sind.

Wenn Sie sich gar nicht schlüssig sind, werden Sie allerdings mit der Standardlösung wohl in den meisten Fällen richtig liegen: Kombination oder Anzug mit Krawatte bzw. Bluse und Blazer zu Hose oder Rock.

Das Outfit passt zu Ihnen, wenn Sie sich darin wohl fühlen

Zu Ihrer Person passt Ihre Kleidung, wenn Sie sich darin sicher und wohl fühlen. Die teuerste Kleidung macht keinen guten Eindruck, wenn Sie darin wirken wie ein Kleiderständer. In diesem Sinne sollten also unbedingt auch einengende Kleidungsstücke, unbequeme Schuhe etc. vermieden werden.

Vorsicht bei extravaganter Kleidung

Allgemein sollte man sich vor Übertreibungen hüten. Sie kennen Ihre Gesprächspartner nicht. Daher werden Sie deren Geschmack kaum treffen. Sie können sich nur an allgemeinen Gepflogenheiten orientieren, d.h.: Gepflegt, sauber, nicht auffällig. Von daher empfiehlt sich ein dezenter Auftritt. Meiden sollten Sie ein Zuviel an Duft, an Schmuck, an Make-up.

Mitzunehmende Unterlagen

Zum Schluss noch ein Blick auf die Unterlagen, die Sie beim Gespräch dabeihaben sollten. Wenn Sie nichts anderes vereinbart haben, sind das:

- Einladungsschreiben
- Kopie Ihrer Bewerbungsunterlagen (Anschreiben und Lebenslauf)
- Fragenkatalog (mit einem Stift, um Notizen zu machen)

Das Einladungsschreiben kann Ihnen weiterhelfen, wenn Sie sich verfahren haben, von unterwegs im Betrieb anrufen müssen, sich beim Pförtner melden. Wenn Sie vor dem Gespräch – was üblich ist – noch warten müssen, können Sie sich Ihre Unterlagen noch einmal ansehen, auch um sich zu vergewissern, was Sie geschrieben hatten, damit es im Gespräch nicht zu Widersprüchen kommt. Ihren Notizzettel können Sie während des Gesprächs als Gedächtnisstütze verwenden. Außerdem können Sie wichtige Informationen darauf notieren.

Vorauswahlverfahren

Es kann auch sein, dass Sie nicht direkt zu einem Vorstellungsgespräch eingeladen werden, sondern zunächst zu einem Vorauswahlverfahren mit verschiedenen Tests. In diesem Fall will sich der einstellende Betrieb nicht auf die Bewerbungsunterlagen verlassen, also insbesondere Lebenslauf und Zeugnisse, sondern Ihre Eignung durch ein eigenes Verfahren testen. Dieses Vorgehen wird oft angewendet, wenn sich Hunderte von Bewerbern für eine ausgeschriebene Stelle interessieren. Das ist z.B. sehr häufig bei der Vergabe von Ausbildungsplätzen oder Traineestellen der Fall. Aufgrund der eingereichten Bewerbungsunterlagen findet in diesen Fällen in der Personalabteilung zunächst nur eine grobe Vorauswahl statt, die oft ganz schematisch vor sich geht; z.B. erhalten alle Bewerber, die nicht einen bestimmten Notenschnitt erreichen, eine Absage. Zu den Testverfahren erscheint also immer noch eine relativ große Gruppe, die die Zahl der angebotenen Stellen durchaus um mehr als das Zehnfache übersteigen kann.

Motiv für Tests: Der Betrieb legt ganz bestimmte Auswahlkriterien zugrunde

Der Grund für Vorauswahlverfahren liegt darin, dass der Betrieb der Ansicht ist, die von ihm geforderten Kriterien nicht aus den üblichen Bewerbungsunterlagen ersehen zu können. So misstraut er z.B. bei Ausbildungsplatzbewerbern oder Hochschulabsolventen den Zeugnissen, weil er meint, die für die fragliche Position wichtigen Eigenschaften gingen daraus nicht hervor oder die Zeugnisse unterschiedlicher Schulen seien nicht miteinander vergleichbar. In anderen Fällen wie bei Außendienstmitarbeitern lautet die Überlegung oft, dass die hier besonders wichtigen Eigenschaften

wie Überzeugungskraft und Durchsetzungsfähigkeit aus Papieren nicht ersichtlich seien. Stattdessen werden eigene Überprüfungsverfahren entwickelt.
Zur eingehenderen Prüfung der Qualifikation setzen die Betriebe dann auf

- Tests
- Assessmentcenter oder
- Gruppengespräche

Jedes Verfahren hat seine eigene Zielrichtung, die im Folgenden näher betrachtet wird.
Gemeinsam ist allen Methoden, dass die Entscheidung über die Einstellung nicht direkt das Ergebnis der Tests ist, sondern auch hier in einem persönlichen Vorstellungsgespräch erfolgt. Die Tests dienen lediglich der weiteren Einengung der Bewerberzahl auf einen ganz kleinen Kreis. Diese Kandidaten werden dann zum Interview gebeten. Beim Assessmentcenterverfahren ist ein solches Interview oft auch bereits in den Ablauf mit eingebaut.

Auswahlverfahren filtern eine kleine Gruppe von Spitzenkandidaten heraus

Wenn Sie den Testtermin also hinter sich haben und es hat dabei kein persönliches Gespräch stattgefunden, müssen Sie noch einmal warten. Nach Auswertung der Tests erhalten Sie dann irgendwann entweder einen dicken Umschlag, in dem Ihnen mit dem Ausdruck des Bedauerns Ihre Bewerbungsunterlagen wieder zurückgereicht werden, oder Sie bekommen einen Brief, der Sie zum Vorstellungsgespräch bittet.
Im übrigen gilt: Wenn Sie keine Lust auf solche Testspielchen haben, bleibt Ihnen nur eine Alternative zur Teilnahme: Sie verzichten auf die Stelle. Wenn ein Betrieb sich einmal für den Weg über Vorauswahlen entschieden hat, können Sie nur mitmachen oder passen.

Tests

Tests finden hauptsächlich dann Anwendung, wenn ein Unternehmen oder eine Behörde Stellen ausgeschrieben hat, auf die sich eine sehr große Zahl Bewerberinnen und Bewerber meldet. Ein typischer Fall ist die Vergabe von Lehrstellen. Oft weisen die Kandidaten recht ähnliche Lebensläufe und Zeugnisse auf. Die Personalabteilung sortiert dann die eingegangene Post zunächst nur nach sehr groben Kriterien. Eine Absage erfolgt, wenn Bewerbungsunterlagen offensichtlich schlampig sind, wenn der Zeugnisdurchschnitt zu schlecht ist, wenn nicht die gewünschte Schulbildung vorliegt u.ä. Wer die zuvor aufgestellten Bedingungen erfüllt, wird zum Test eingeladen.

Mit der Einladung wird ein Ort und Termin angegeben. Hier haben Sie in der Regel nicht die Wahl. Wenn Sie zu diesem Zeitpunkt verhindert sind, können Sie nur hoffen, dass mehrere Testtermine anberaumt wurden und Sie wechseln können. Rufen Sie an, um eine solche Vereinbarung zu versuchen. Wenn ein Ausweichtermin nicht zur Verfügung steht, wird der Betrieb angesichts der zahlreichen Mitbewerber voraussichtlich auf Ihre Bewerbung verzichten. Aus demselben Grund müssen Sie auch alles daransetzen, zum anberaumten Termin pünktlich zu erscheinen. Machen Sie sich rechtzeitig auf den Weg und erscheinen Sie ausgeruht zum Test.

Auch hier wichtig: Erscheinen Sie rechtzeitig und ausgeruht

Im Prüfungsraum werden Sie dann nicht selten Dutzende, bei großen Ausschreibungen sogar Hunderte von Schicksalsgenossen antreffen. Sofern sicher ist, dass lediglich schriftliche Tests stattfinden und keine persönlichen Gespräche vorgesehen sind, stellt sich hier die Kleiderfrage nicht. Richten Sie sich am ehesten danach, was Ihnen während eines oft mehrstündigen Tests am bequemsten erscheint. Sind dagegen persönliche Gespräche integriert, gilt die oben geschilderte „Kleiderordnung“. Geben Sie sich den anderen Kandidaten gegenüber ruhig locker. Klar, Sie sind Konkurrenten. Aber bei Testverfahren können Sie sich durch Gespräche untereinander weder nützen noch schaden. Halten Sie sich aber fern von Panikmachern und scheinbar Allwissenden; von solchen Leuten erfahren Sie nichts Wichtiges, sondern die machen Sie nur nervös.

Hören Sie in der Erklärungsphase gut zu

Wenn es dann losgeht, werden Ihnen mehrere Vertreterinnen und Vertreter des Betriebs zunächst Plätze zuweisen und dann die Aufgaben erklären. Auch die zur Verfügung stehende Zeit wird Ihnen mitgeteilt. Hören Sie aufmerksam zu. Während die Tests laufen, haben Sie keine Gelegenheit mehr, offene Fragen zu klären. Wenn Sie tatsächlich etwas nicht verstanden haben, dann fragen Sie während der Erklärungsphase. Aber fragen Sie nur, wenn wirklich ein wichtiger Grund vorliegt. (Vielleicht haben Sie ja einen falschen Bogen bekommen, oder Ihr Nachbar hat an entscheidender Stelle gehustet.) In aller Regel sind Tests vielfach erprobt und werden sehr gut erklärt, und mit überflüssigen Fragen, die nur der Selbstdarstellung dienen, verärgern Sie alle Teilnehmer, die immer nervöser auf den Startschuss warten.

Lesen Sie die Aufgabenstellung gründlich

Lesen Sie, wenn es dann losgeht, auch die Aufgabenstellung ganz gründlich. Denken Sie nicht, Sie verlieren hier Zeit. Es wirkt sich viel schwerer aus, wenn Sie etwas nicht ganz richtig verstanden haben und falsch vorgehen.

Was nun gestestet wird, ist sehr unterschiedlich. Grundsätzlich richten sich die Tests nach den Anforderungen, die der Betrieb stellt. Teilweise sind solche Tests „selbstgestrickt“, teilweise von psychologischen Instituten erarbeitet.

Die Testverfahren lassen sich grob einteilen:

- Intelligenztests
- Kenntnistests
- Leistungstests
- Persönlichkeitstests

Testknacker-Literatur erleichtert die Vorbereitung

Falls Sie der Meinung sind, Ihre Erfolgsaussichten verbessern zu können, können Sie einschlägige Testknacker-Literatur zu Rate ziehen. Mit der Zeit bekommt man auch Übung. Im Folgenden einige einführende Hinweise zu den vier Testgruppen.

Intelligenztests

Wenn Intelligenztests gestellt werden, dann ist man im einstellenden Betrieb offenbar der Meinung, dass Ihre Schulzeugnisse darüber keine zutreffende Auskunft geben, sondern dass man das selber besser herausfinden kann. Ob diese Auffassung zu Recht besteht, darf bezweifelt werden; trotzdem erfreut sich dieser Testtyp größter Beliebtheit.
Eine typische Aufgabe in solchen Tests kann z.B. so aussehen, dass Sie eine Folge von vier Symbolen nach logischen Überlegungen durch ein fünftes ergänzen sollen, Zahlenreihen vervollständigen müssen o.ä.

Verbeißen Sie sich nicht in schwierige Fragen

Verbeißen Sie sich dabei nie in Einzelfragen, die Sie nicht lösen können; überspringen Sie solche Fälle, damit Sie in der zur Verfügung stehenden Zeit möglichst viele Fragen richtig beantworten.

Kenntnistests

Bei den Kenntnistests herrscht eine große Vielfalt. Mitunter soll Ihre „Allgemeinbildung" getestet werden, obwohl noch niemand definieren konnte, was eigentlich genau zur Allgemeinbildung zählt. Hier werden dann in der Regel Fragen gestellt, zum Teil mit mehreren Antwortvorgaben, aus denen Sie auswählen müssen („Was ist der längste Fluss Deutschlands? a) Rhein b) Wolga c) Dreisam"). Machen Sie halt mit. Plausibler ist schon die Überprüfung stellenspezifischer Kenntnisse, nach dem Motto: Wenn er oder sie das nicht weiß, hat es eh keinen Zweck mit uns. Auch hier wird meist in Frageform, mit oder ohne Antwortvorgabe, Ihr Wissen

über das zukünftige Tätigkeitsfeld abgefragt. Auch Fremdsprachenkenntnisse können z.B. getestet werden.
Wie bei den Intelligenztests gilt auch hier: Verschwenden Sie keine Zeit mit schwierigen Fragen, die Sie nicht beantworten können, sondern versuchen Sie in der gegebenen Zeit möglichst viele Aufgaben richtig zu lösen.

Leistungstests

Die Leistungen, die durch Tests geprüft werden können, sind äußerst vielfältig und hängen ganz von den Anforderungen des Stellenanbieters ab. Es kann Ihnen hier passieren, dass Ihnen Rechenaufgaben gestellt werden, dass Sie Ihre Rechtschreibkünste unter Beweis stellen müssen oder einen Aufsatz verfassen sollen. Dann können auch technische oder handwerkliche Fertigkeiten getestet werden. Für alle möglichen Leistungsansprüche gibt es eigene Testverfahren.
Sehr häufig sind Konzentrationstests. Dabei wird Ihnen z.B. eine endlose Liste relativ einfach zu lösender Rechenaufgaben vorgelegt. Hier ist vor allem ein Hinweis wichtig: Geraten Sie nie in Panik, wenn Sie feststellen, dass die zur Verfügung gestellte Zeit Ihnen überhaupt nicht ausreicht! Es geht hier nicht darum, dass Sie sämtliche Aufgaben lösen. Getestet wird, wie gut Sie sich konzentrieren können. Lösen Sie, so schnell Sie können, eine Aufgabe nach der anderen, bis die Zeit um ist. Gehen Sie dabei sorgfältig vor. Es wird nachher danach ausgewertet, ob Sie in der zur Verfügung stehenden Zeit einen möglichst hohen Anteil richtiger Antworten im Verhältnis zu den in Angriff genommenen Fragen erzielt haben. Also: Lieber etwas weniger, aber richtig. Grober Richtwert: Wenn Sie etwa zwei Drittel bis drei Viertel der Aufgaben geschafft haben, liegen Sie ganz gut.

Arbeiten Sie die Fragen zügig, aber sorgfältig ab

Sie haben vielleicht festgestellt, dass sich die Tipps zum Vorgehen bei Konzentrationstests ein wenig von denen für Intelligenz- und Kenntnistests unterscheiden. Eine gemeinsame Grundregel lässt sich dennoch für alle Fälle geben: Es geht zunächst darum, dass Ihre Antworten richtig sind. Erst als Zweites kommt es darauf an, dass Sie möglichst viele Aufgaben lösen.

Persönlichkeitstests

Persönlichkeitstests sind eine Mischform zwischen Test und Gespräch: In schriftlicher Form wird abgefragt und beantwortet, was typische Themen für Vorstellungsgespräche sind. Biographische Fragebögen, die Versicherungsvertretern vorgelegt werden, sind z.B. regelrecht standardisierte Vorstellungsgespräche. Der Test will etwas über Ihre Eigenschaften und Ihr Verhalten herausfinden. Dazu haben Psychologen Fragen entworfen, deren eigentliche Zielrichtung Sie nicht durchschauen sollen, damit Sie ehrlich antworten. Oft sind Antwortmöglichkeiten vorgegeben wie „Trifft zu/Trifft nicht zu/Weiß nicht", von denen Sie eine ankreuzen müssen. Vielleicht werden Sie auch mit Klecksen oder Farben konfrontiert, zu denen Sie sich äußern sollen. Diese Tests sind in ihrer Aussagekraft umstritten, das nützt Ihnen aber nichts, wenn Sie einen vorgelegt bekommen. Überlegen Sie nicht krampfhaft, worauf eine Frage hinauswollen könnte, antworten Sie ehrlich. Meist sind auch Kontrollfragen eingebaut, durch die Widersprüche aufgedeckt werden sollen. Außerdem nutzt es Ihnen auch auf lange Sicht nichts, wenn Sie Eigenschaften vorgaukeln, die Sie nicht haben, um damit eine Stelle zu ergattern, für die Sie gar nicht geeignet sind.

Hier geht es um Ihren Charakter

Assessmentcenter

Der Test für Führungsnachwuchs: aufwändig, aber effektiv

Ein besonders ausgeklügeltes und umfangreiches Testverfahren ist das Assessmentcenter. Diese Vorauswahlmethode kommt aus den USA, „assessment" heißt auf Englisch „Einschätzung". Insbesondere große Unternehmen und Behörden bedienen sich dieses aufwendigen Hilfsmittels, um die richtigen Personen für Führungspositionen auszuwählen. Mehrere Bewerber werden hier ein bis zwei Tage versammelt und auf Herz und Nieren geprüft. Zum Assessmentcenter werden typischerweise Hochschulabsolventen eingeladen, die sich auf eine Traineestelle oder eine sonstige Erstposition in einem großen Betrieb beworben haben, oder auch Mitarbeiterinnen und Mitarbeiter, die im eigenen Betrieb in die Führungsebene aufsteigen möchten und sich darum intern beworben haben. Auch für Außendienstmitarbeiter gibt es spezielle Assessmentcenter.

Für den Betrieb stellt eine Besetzung solcher künftig hochbezahlter und entscheidender Stellen eine besonders weitreichende und teure Zukunftsentscheidung dar. Viele Betriebe wollen sich deshalb nicht allein auf ein Vorstellungsgespräch verlassen, sondern die Entscheidung fundieren. Die Idee eines Assessmentcenters ist es daher, die Kandidaten mit mehreren ihrem späteren Arbeitsalltag möglichst realistisch nachempfundenen Aufgaben zu konfrontieren, sie bei der Erfüllung aufmerksam zu beobachten und die Beobachtungen dann in ein vorher festgelegtes objektives Auswertungsschema einfließen zu lassen, das eine zutreffende Einschätzung der jeweiligen Eignung ermöglicht. Zu den geforderten Eigenschaften von Führungskräften zählen dabei für gewöhnlich nicht nur Fachkenntnisse, sondern auch Merkmale der Persönlichkeit und des Sozialverhaltens.

Fachkompetenz, Persönlichkeit und Sozialverhalten werden getestet

Wenn Sie sich also auf eine gehobene Position beworben haben, kann es Ihnen geschehen, dass Sie nach mehr oder weniger kurzer Zeit schriftlich oder telefonisch eine Einladung zu einem Assessmentcenter erhalten. Die Personalabteilung hat zuvor nach festgelegten Qualifikationskriterien eine Vorauswahl getroffen. Wer die Bedingungen erfüllt, wird zum Auswahlverfahren geladen. In der Regel werden

Ihnen ein Zeitpunkt und ein Ort vorgeschlagen. Falls Sie zu einem solchen Termin verhindert sind, ist das vielfach nicht so tragisch wie bei einfachen Tests. Da große Betriebe meist kontinuierlich Führungsnachwuchs einstellen, wird sich oft ein späterer Termin vereinbaren lassen. Auch stehen bisweilen von vornherein mehrere Termine zur Verfügung. Für ein solches Auswahlverfahren wird mindestens ein ganzer Tag angesetzt, meist wird es anderthalb bis zwei Tage beansprucht. Für Unterkunft und Verpflegung ist während dieser Zeit gesorgt. Veranstaltungsort ist meist ein Hotel oder ein Schulungszentrum des Betriebs. Kleiden sollten Sie sich übrigens wie zu einem Vorstellungsgespräch, wie oben geschildert.

Assessmentcentertests dauern ein bis zwei Tage

Bleiben Sie sich selbst treu

Zu diesem Termin treffen dann um die zehn Kandidatinnen und Kandidaten mit bis zu ebenso vielen Beobachterinnen und Beobachtern zusammen. Wer eingeladen wurde, darf sich als prinzipiell geeignet für die in Frage kommende Stelle betrachten und muss sich den anderen gegenüber meist auch nicht als Konkurrent fühlen, weil oft nicht nur eine Position vergeben wird, sondern alle diejenigen Bewerber eingestellt werden, die die gestellten Anforderungen erfüllen. Sie brauchen sich also nicht im darwinistischen Kampf jeder gegen jeden zu wähnen. Glauben Sie auch nicht, irgendeine spezielle Rolle spielen zu müssen. Niemandem gelingt es unter den anstrengenden Bedingungen eines solchen mehrtägigen Assessmentcenters, sich zu verstellen. Bleiben Sie lieber gleich Sie selbst.

Die Beobachtergruppe setzt sich zur Hälfte aus Führungskräften des Betriebs, zur Hälfte aus Psychologen zusammen. Auch den Beobachtern können Sie relativ locker gegenübertreten. Natürlich werden Sie ein bis zwei Tage ständig unter Beobachtung stehen, doch die Beurteilung wird zum Schluss in die Kästchen eines Auswertungsbogens eingetragen; und dort ist im Allgemeinen keine Rubrik vorgesehen, die beur-

teilt, ob Sie beim Essen Messer und Gabel richtig gehalten haben.
Zu Beginn des Treffens wird Ihnen Zweck und Ablauf des Verfahrens erläutert. Man wird Ihnen versichern, dass keine undurchschaubaren psychologischen Spielchen mit Ihnen angestellt werden; dies dürfen Sie getrost glauben. Die Vorstellung der Teilnehmer untereinander kann dann durchaus schon die erste Übung sein. Beispielsweise könnten Sie aufgefordert werden, sich mit Ihrer jeweiligen Nachbarin oder Ihrem Nachbarn zu unterhalten und anschließend nicht sich selbst, sondern Ihr Gegenüber vorzustellen.
Anschließend beginnt der durchorganisierte Ablauf. Alle Gruppenmitglieder sind zu einer Reihe von Tests eingeteilt, zu denen sie entweder allein, zu zweit oder in einer Gruppe antreten. Während der Übungen machen sich die Beobachter ihre Notizen. Auf die verschiedenen Aufgaben kann man sich nur sehr eingeschränkt vorbereiten. Grundsätzlich sind sie auf die zu vergebenden Positionen zugeschnitten. Im Folgenden sollen kurz einige typische Aufgaben für angehende Führungskräfte skizziert werden, die Ihnen eine erste Vorstellung vom Ablauf geben können.

Psychologen und Führungskräfte des Betriebs beobachten die Testkandidaten

Übungen für Einzelteilnehmer

Bei den Einzelübungen können Ihnen zunächst alle der oben geschilderten Tests wieder begegnen, von Intelligenz- über Kenntnis- und Leistungs- bis hin zu Persönlichkeitstests.
Eine besonders beliebte Übung ist hier der „Postkorb“. Dabei werden Sie in knapp bemessener Zeit mit einem nicht zu bewältigenden Stapel Post konfrontiert und sollen zeigen, wie Sie Ihr Vorgehen organisieren, sich zunächst einen Überblick verschaffen, rasch Wichtiges von Unwichtigem unterscheiden, mit widerstreitenden Interessen fertig werden und unter Termindruck entsprechende Entscheidungen treffen können.

Häufig ist auch der Übungstyp „Vortrag“, „Fallstudie“ oder „Präsentation“. Sie erhalten eine gewisse Vorbereitungszeit und müssen anschließend einem Publikum, das aus Ihren Beobachtern besteht, referieren. Hier sollen Auffassungsgabe, logisches Denken und Ausdrucksvermögen getestet werden. Allein treten Sie schließlich auch beim „Interview“ einer Beobachterin oder einem Beobachter entgegen. Hier handelt es sich um nichts anderes als ein normales Vorstellungsgespräch, wie es weiter unten erläutert wird.

Übungen mit zwei Teilnehmern

Eine typische Übung, die Sie mit einer Mitkandidatin oder einem Mitkandidaten gemeinsam zu erfüllen haben, ist die „Verhandlung“. Auch hier gilt wieder, dass Sie sich nicht als Konkurrenten verstehen müssen. Beide Beteiligten werden nach festen Kriterien jeder für sich beurteilt. Beide werden Sie getrennt eine Einführung in die Situation erhalten und sich vorbereiten. Typischerweise werden die beiden Verhandlungsseiten mit einer fiktiven Ausgangssituation konfrontiert, die völlig unvereinbare Interessen nach sich zieht, ohne dass einer die Lage des anderen ahnt. Ihre Beobachter werden während Ihres Rollenspiels dann notieren, wie gut Sie unter diesen erschwerten Bedingungen verhandeln, Kompromisse schließen und sich durchsetzen können.

Gruppenübungen

Bei Gruppenübungen wird auch die Teamfähigkeit bewertet

Ein fast immer anzutreffender Übungstyp sind Gruppendiskussionen. Eine Gruppe von z.B. sechs Kandidaten wird aufgefordert, über ein gegebenes, oft provokantes Thema zu diskutieren und zum Abschluss eine gemeinsame Erklärung vorzulegen. Hier wird Ihre Überzeugungsgabe und Durchsetzungskraft getestet, aber auch Ihre Teamfähigkeit; mehr zu diesem Übungstyp im anschließenden Abschnitt „Gruppengespräche“.

Wenn dann nach Abschluss aller Übungen die Kandidatinnen und Kandidaten wieder auf dem Heimweg sind, setzt sich die Beobachtergruppe zusammen, und jeder bringt seine Notizen ein. Die zusammengefassten Eindrücke werden mit dem Anforderungsprofil verglichen, und anschließend fällt die Entscheidung, ob Sie persönlich den geforderten Bedingungen entsprechen oder nicht.

Nach dem Test erhalten Sie ein Profil Ihrer Stärken und Schwächen

Aufgrund dieses Verfahrens werden Sie im Allgemeinen auch bereits innerhalb weniger Tage positiven oder negativen Bescheid erhalten. Eine Ablehnung bezieht sich auch in diesem Fall immer nur auf die jeweilige Stelle. Bei einem anderen Assessmentverfahren können Sie ohne weiteres erfolgreich abschneiden. Wenn Sie zu einem solchen aufwendigen Verfahren überhaupt eingeladen wurden, heißt das stets, dass die Entscheidung letztlich sehr knapp sein wird, weil Sie grundsätzlich geeignet erscheinen. Die Teilnahme an einem Assessmentcenter lohnt sich für Sie auf jeden Fall. Meist wird Ihnen angeboten, sich anschließend telefonisch die einzelnen Ergebnisse erläutern zu lassen. Sie erhalten so ein ganz detailliertes Profil Ihrer Stärken und Schwächen. Dieses Angebot sollten Sie wahrnehmen, denn Sie werden sehr viel über Ihre Fähigkeiten und Eigenschaften erfahren, und das kostenlos; ein entsprechender psychologischer Test wäre mit Sicherheit sehr teuer.

Hier setzt auch die Hauptkritik am Assessmentcenterverfahren ein. Die Auswahlmethode bringt dem Betrieb ohne jeden Zweifel exzellente Ergebnisse. Jedoch zeigt ein Vergleich, dass erfahrene Personaleinsteller aufgrund eines Vorstellungsgesprächs in der Regel genau dieselben Leute ausgewählt hätten. Und dies stellt den gewaltigen Aufwand eines Assessmentcenters für einen Betrieb doch sehr in Frage. Kosten entstehen schließlich nicht nur für Reise und Unterkunft; auch die Honorare für die teilnehmenden Psychologen müssen bezahlt werden, und vor allem fallen ein halbes

Dutzend hochkarätiger Führungskräfte für ein bis zwei Tage in ihren eigentlichen Funktionen aus. Aus diesen Gründen sind zahlreiche Betriebe von der Methode Assessmentcenter inzwischen wieder abgerückt.

Gruppengespräche

Ein Gruppengespräch hat im Rahmen einer Bewerbung immer nur vorbereitenden Charakter. Die abschließende Entscheidung über eine Einstellung wird regelmäßig in einem Einzelgespräch getroffen. Wenn Sie also im Anschluss an Ihre schriftliche Bewerbung zu einem Gespräch mit mehreren teilnehmenden Kandidaten eingeladen werden, handelt es sich um ein Vorauswahlverfahren.

Mitunter wird dieses Vorgehen bei der Vergabe von Lehrstellen gewählt. Hier will der Betrieb Kosten sparen, indem mehrere geeignet erscheinende Bewerber zunächst zusammen eingeladen werden. Das Treffen soll zum einen der gegenseitigen Information dienen, zum anderen der Auswahl eines kleineren Kreises, der dann zum Vorstellungsgespräch geladen wird. Auch Außendienstmitarbeiter werden gelegentlich mit Gruppengesprächen konfrontiert. Hier sollen typische im Kontakt mit anderen Menschen geforderte Eigenschaften getestet werden. Außerdem kann eine Gruppendiskussion auch Bestandteil eines Testverfahrens, insbesondere in einem Assessmentcenter, sein.

Der Arbeitgeber kann direkte Vergleiche anstellen

Auch wenn dies sehr unterschiedliche Situationen sind, lassen sich doch einige Hinweise geben, die für alle gültig sind. Für die Beobachter bietet dieses Verfahren den Vorteil, dass sie alle Kandidaten zugleich erleben und direkt vergleichen können.

Regelmäßig wird der Diskussion im Kreise mehrere Teilnehmer ein Thema vorgegeben sein, das zur Diskussion reizt.

Mitunter wird als Aufgabe gestellt, dass zum Abschluss eine gemeinsame Stellungnahme erarbeitet werden soll. Zum Teil wird eine solche Runde von einem Moderator geleitet, zum Teil wird die Gruppe sich selbst überlassen.

Grundsätzlich müssen Sie bei einer solchen Aufgabenstellung bedenken, dass das Thema nebensächlich ist. Dies ist eine ungewöhnliche Situation, die sich von normalen Diskussionen unterscheidet, in denen das Thema ja gerade die Hauptsache ist. Interessant ist bei einer solchen Übung nur, wie Sie sich in der Diskussion verhalten. Der Arbeitgeber erhofft sich davon Aufschlüsse über Ihre Eignung zu den Aufgaben, mit denen er Sie betrauen will.

Ihr Verhalten steht bei einer Diskussion im Vordergrund, nicht das Thema

Vor allem können im Rahmen einer Gruppendiskussion Eigenschaften wie Durchsetzungsfähigkeit und Überzeugungskraft, aber auch soziale Kompetenz und Teamfähigkeit erkannt werden.

Einen guten Eindruck hinterlässt bei einer solchen Gruppendiskussion,

- wer sachliche Beiträge leistet und beim Thema bleibt
- wer den Überblick über den Lauf der Diskussion behält und an geeigneter Stelle eine Zwischenbilanz zieht, auf weitere zu klärende Punkte hinweist, also das Gespräch steuert
- wer auch zuhören kann, gute Argumente anderer erkennt und ins Ergebnis integriert
- wem es gelingt, andere zu interessieren und mit Argumenten zu überzeugen, aber auch wer andere dazu bewegen kann, Beiträge zu leisten
- kurz: wer eine führende Rolle übernehmen kann, ohne dabei die anderen unterzubuttern

Diskutieren Sie freundlich, sachlich, überzeugend, offen und deutlich

Ferner werden Blickkontakt, Ausdrucksfähigkeit, eine deutliche Sprechweise, Geduld und permanente Freundlichkeit positiv bewertet werden.

Einen schlechten Eindruck macht demgegenüber,

- wer kaum etwas oder gar nichts sagt
- wer sich in Randfragen verzettelt
- wer rücksichtslos nur seine eigene Sicht einbringen will, andere unterbricht und an den Rand drängt
- wer den Blickkontakt zu anderen Gesprächsteilnehmern meidet

Halten Sie Blickkontakt

Ein Schnelldurchgang kurz vor dem Testtermin

Hier werden noch einmal die wichtigsten Hinweise für Ihren Testtermin zusammengefasst. Sie können die Liste z.B. dazu nutzen, sich kurz vor dem Termin noch einmal das Wichtigste zu vergegenwärtigen.

- Hören Sie bei der Erläuterung der Aufgaben gut zu und stellen Sie sicher, dass für Sie alles klar ist, bevor es losgeht.
- Bei Tests mit Zeitvorgabe sind vor allem richtige Antworten wichtig. Erst danach geht es um die Zahl der gelösten Aufgaben. Geraten Sie daher nicht in Panik, wenn Sie feststellen, dass die zur Verfügung gestellte Zeit nicht ausreicht, sondern lösen Sie so viele Aufgaben richtig, wie Sie können. Verbeißen Sie sich dabei nicht in Einzelfragen, die Sie nicht lösen können, sondern gehen Sie lieber zur nächsten über.

Oberstes Gebot bei allen Tests: keine Panik

- Richtiges Verhalten in Gruppendiskussionen:
  - sachliche Beiträge leisten
  - den Überblick über den Verlauf behalten und das Gespräch steuern
  - auf die anderen Gesprächsteilnehmer eingehen
  - motivieren und überzeugen
  - Blickkontakt, Verständlichkeit, Geduld und Freundlichkeit

Das Vorstellungsgespräch

Nachdem die mehr vorbereitenden Phasen der Stellenbewerbung, Gesprächsvorbereitung, Terminabmachung, Anreiseplanung, Kleiderordnung etc. sowie eventuell vorgeschaltete Tests erfolgreich abgeschlossen sind, steht nun das eigentliche Vorstellungsgespräch an. Das folgende Kapitel zum Thema ist in die Abschnitte gegliedert:

- Die beteiligten Gesprächspartner
- Der typische Ablauf
- Der Umgang mit heiklen Fragen
- Besondere Vorstellungsgespräche
- Praktische Dinge

Zunächst werden Rollen und Verhalten der beteiligten Gesprächspartner betrachtet. Dazu gehören Vertreter der jeweiligen Personalabteilung und der betroffenen Fachabteilung, in besonderen Fällen auch einer Personalberatungsfirma. Und vor allem Sie selbst.

Es gibt keinen festgelegten Ablauf von Vorstellungsgesprächen. Jedes Gespräch entwickelt sich individuell ganz verschieden. Dennoch gibt es eine Reihe von Elementen, die dazugehören und die in verschiedener Form regelmäßig auftauchen werden. Sie werden vom ersten Eindruck bis zum Abschied ausführlich erläutert.

Nach guter Vorbereitung sind auch heikle Fragen kein Problem

Jeder kennt und fürchtet die „heiklen Fragen“, zu denen es im Verlauf eines Vorstellungsgesprächs kommen kann. Auch sie werden besprochen, vom „Stressinterview“ über die Frage nach der Familienplanung bis zur Parteizugehörigkeit. Während zuvor der typische Verlauf von Vorstellungsgesprächen geschildert wurde, ist ein eigener Abschnitt Sonderfällen gewidmet, die besondere Behandlung verdienen. Dazu gehören der Fall, dass noch ein zweiter Vorstellungstermin anberaumt wird, besondere Tipps für Frauen in Vorstellungsgesprächen, Hinweise für Ausbildungsplatzbewerber und einige Anmerkungen zu Vorstellungsgesprächen in anderen Ländern.

Auch beim Vorstellungstermin gibt es wieder einige praktische Dinge zu beachten, die in einem eigenen Abschnitt zusammengefasst sind. Im Einzelnen können dazugehören: Personalfragebögen, die Frage der Kostenerstattung, Gesundheitsuntersuchungen und eine eventuelle Besichtigung des künftigen Arbeitsplatzes.

Die Gesprächspartner

An einem Vorstellungsgespräch nehmen Sie selbst und ein oder mehrere Vertreterinnen bzw. Vertreter des Betriebs teil. Es wird gezeigt, welche Rollen die einzelnen Beteiligten in dem folgenden Gespräch spielen und welches Verhalten daraus folgt. Betrachtet werden:

- Personalabteilung
- Fachabteilung
- Personalberatungsfirmen
- Ihr eigenes Verhalten

Ihr Gesprächspartner merkt, ob Sie ihn mögen

Grundsätzlich werden die Personen, die Ihnen im Gespräch gegenübersitzen, mehr oder weniger vorbereitet und fähig sein. Und sie werden Ihnen unterschiedlich sympathisch erscheinen. Einige sind redselig, andere wortkarg, einige wollen Sie provozieren, andere sind vielleicht desinteressiert. Machen Sie es sich zur Regel, jeden Gesprächspartner im Vorstellungsgespräch sympathisch zu finden! Sie verbessern so von vornherein die Gesprächsatmosphäre, denn Sie senden auch unbewusste Signale aus, die Ihr Gesprächspartner wahrnimmt. Zusätzlich können Sie sich sagen, dass Sie zumindest mit unangenehmen Vertretern der Personalabteilung in Ihrem späteren Arbeitsleben kaum mehr zu tun haben werden. Schwieriger ist es allerdings, wenn Sie mit späteren Fachvorgesetzten keine gemeinsame Wellenlänge finden.

Halten Sie Blickkontakt zu allen Gesprächsteilnehmern

Wenn Sie in einem Vorstellungsgespräch mehreren Gesprächspartnern gegenübersitzen, müssen Sie sich gleichzeitig auf alle einstellen. Damit haben Sie es schwerer als Ihre Gegenüber. Diese werden sich vorher mehr oder weniger ausführlich auf ihre Rollenverteilung verständigt haben. Da Sie nicht genau wissen, wer welche Rolle und Kompetenzen hat, sollten Sie alle für gleich wichtig halten und Ihrer Aufmerksamkeit würdigen. Dies gilt auch für Personen, die sich am Gespräch scheinbar gar nicht beteiligen. Besonders wenn es sich hier um eine Frau handelt, begehen manche Bewerber leicht den Fehler, den schweigenden Zuhörer für eine Sekretärin zu halten. Vielleicht ist es aber gerade die Chefin, die die Routine ihren Mitarbeitern überlassen will und sich womöglich nur mit wenigen Fragen einschaltet, die sie selber für entscheidend hält. Beziehen Sie also bei Ihren Äußerungen alle Anwesenden mit ein, denn wer sich ausgeschlossen fühlt, neigt zu negativen Urteilen über Sie.

Nach dem Gespräch werden sich Ihre Gesprächspartner zusammensetzen und ihre Eindrücke austauschen. Wenn die Gespräche mit Personal- und Fachabteilung nacheinander stattfinden, besteht für Sie das Problem, dass Sie sich auf verschiedene Gesprächspartner einstellen müssen und mitunter von beiden identische Fragen gestellt bekommen. Diese beantworten Sie dann tunlichst in gleicher Ausführlichkeit, weil Sie nicht davon ausgehen können, dass deren Informationsaustausch klappt. Sie müssen versuchen, beide für sich zu gewinnen.

Fragen Sie vorab, wer am Gespräch teilnimmt

Zum Schluss noch ein praktischer Tipp: Erkundigen Sie sich vor dem Termin telefonisch, wer Ihre Gesprächspartner sein werden. Sie können sich so schon besser auf die Situation einstellen, Ihre Gesprächspartner mit Namen anreden und ihre jeweiligen Funktionen einordnen. Schließlich kennen umgekehrt Ihre Interviewer Sie auch bereits vorher. Dieser Anruf lässt sich, wie oben schon vorgeschlagen, zusammen mit der Terminbestätigung erledigen. Im Allgemeinen wird Ihnen hier bereits das Sekretariat weiterhelfen können.

Personalabteilung

Die Personalabteilung trifft oft die Vorauswahl

Die Personalabteilung wird Ihre Bewerbung von Anfang an betreuen. Wenn ein kleinerer Betrieb keine gesonderte Personalabteilung hat, werden oft Buchhaltung, Geschäftsführung oder Inhaber deren Aufgaben übernehmen. Die Personalabteilung trifft zunächst die Vorauswahl der Bewerber, die in die engere Wahl kommen und zum Gespräch eingeladen werden. Dabei legen sie Ihre schriftlichen Bewerbungsunterlagen und gegebenenfalls die Ergebnisse von Vorauswahlverfahren wie Tests zugrunde. Kriterien sind dabei die vorher festgelegten Anforderungen der Stelle.

In der Regel werden Sie Mitarbeitern der Personalabteilung dann auch im Vorstellungsgespräch begegnen. Zum Teil wird ein Mitglied der Personalabteilung das Gespräch allein führen. Dies gilt oft bei nichtleitenden Positionen bzw. in größeren Betrieben. Sie oder er hat dann die Anforderungen der Fachabteilung vorliegen, meist hat vorher eine Absprache stattgefunden. Die Entscheidung fällt dann in der Personalabteilung im Einvernehmen mit der Fachabteilung.

Zum Teil wird sich an das Gespräch mit Vertretern der Personalabteilung ein weiteres Gespräch mit Vertretern der Fachabteilung anschließen. Dann werden sich die beiden Abteilungen nach dem Gespräch miteinander verständigen. Dies kann direkt nach dem Gespräch oder erst im Anschluss an die Vorstellung aller Bewerber stattfinden. Das letzte Wort wird hier die Fachabteilung haben.

Wenn zuerst das Gespräch mit der Fachabteilung stattfindet, wird ein zweites Gespräch mit der Personalabteilung oft nur noch der Klärung formaler Fragen und der Vertragskonditionen dienen.

Schließlich können Personalabteilung und Fachabteilung gemeinsam am Gespräch teilnehmen. Die letzte Entscheidung über eine Einstellung wird auch hier wieder die Fachabteilung treffen, da sie ja mit der Bewerberin oder dem Bewerber künftig zusammenarbeiten muss. Die Personalabteilung erfüllt dann eine mehr beratende Rolle, kann aber dennoch gewichtigen Einfluss nehmen.

Die Personalabteilung ist auch Ansprechpartnerin für alle praktischen Dinge

Typischerweise wird die Vertreterin oder der Vertreter der Personalabteilung die Gesprächseröffnung übernehmen, das Gespräch moderieren und für die Organisation sorgen, vom Raum über die Teilnehmerkoordination bis zur Versorgung mit Getränken. Im Gespräch wird sie vor allem die allgemeine Qualifikation und die Persönlichkeit der Bewerber interessieren. Unklarheiten im Zusammenhang mit dem Lebenslauf, die Frage der Motivation für die Stelle und auch die persönlichen Eigenschaften werden untersucht. Ihnen kann die Personalabteilung vor allem Auskunft geben über den Betrieb im Allgemeinen und die Vertragskonditionen wie Gehalt, Kündigungsfristen, Probezeit etc. Ebenso ist die Personalabteilung Ansprechpartner für praktische Dinge wie die Reisekostenerstattung.

Fachabteilung

Die Fachabteilung besteht aus den Leuten, mit denen Sie später zusammenarbeiten wollen. Sie ist in vielfacher Weise an der Bewerberauswahl beteiligt. Zunächst wird sie den Personalbedarf anmelden. Dann wird sie die Forderungen an die künftige Mitarbeiterin oder den Mitarbeiter formulieren oder zumindest an der Aufstellung des Kriterienkatalogs mitwirken. Eventuell wird sie auch an der Auswahl des engeren Kreises beteiligt, der zum Vorstellungsgespräch eingeladen wird; im Allgemeinen ist die Prüfung der schriftlichen Bewerbungsunterlagen und gegebenenfalls von Testergebnissen jedoch Sache der Personalabteilung.

Die Fachabteilung hat meist das letzte Wort bei der Auswahl

In der eigentlichen Bewerberauswahl, also dem Gespräch, wird die Fachabteilung dann entscheidenden Einfluss haben, denn sie ist es ja, die künftig mit Ihnen zusammenarbeiten muss. Bei den Gesprächsbeteiligten aus der Fachabteilung wird es sich meist um Abteilungsleiterinnen, Abteilungsleiter oder sogar Mitglieder der Geschäftsleitung handeln. Meist sprechen Sie hier also mit Ihrer oder Ihrem künftigen direkten Vorgesetzten. Tendenziell gilt, je höher die Position bzw. je kleiner der Betrieb, desto höherrangig werden Ihre Gesprächspartner sein.

In manchen Fällen wird die Fachabteilung die Bewerbergespräche und -auswahl allein übernehmen. Für spezielle formale und vertragliche Fragen werden Sie dann unter Umständen an die Personalabteilung verwiesen.

Oft wird dem Gespräch in der Fachabteilung ein Interview in der Personalabteilung vorausgehen, wo allgemeine Eignung, Motivation und Vertragsdetails besprochen werden. In der Fachabteilung geht es dann um die fachspezifische Eignung und natürlich um die Frage, ob man miteinander kann.

Personalberater

Einen etwas anderen Ablauf wird Ihr Bewerbungsverfahren nehmen, wenn der Betrieb eine Personalberatungsfirma eingeschaltet hat. Vielleicht möchte er seine eigenen Mitarbeiter entlasten oder traut den Spezialisten ein besseres Urteil zu. Im Allgemeinen werden Personalberater nur bei der Vergabe höherer Positionen bemüht. Sie erkennen dieses Vorgehen bereits an Stellenanzeigen, die unter der Firma des Personal-

In der Regel langwieriger: Der Weg über Personalberater

büros geschaltet werden und nicht unter dem Namen des Betriebs. Das Verfahren wird für Sie grundsätzlich langwieriger. Es kann Ihnen aber auch Vorteile bieten.

Sie müssen zunächst bereits Ihre Bewerbungsunterlagen an die Personalberater schicken. Dort wird die Vorauswahl getroffen, die sonst in der Personalabteilung des Betriebs erfolgen würde. Wenn Sie in den engeren Kreis aufgenommen werden, erfahren Sie für gewöhnlich nun auch den Namen Ihres potentiellen Arbeitgebers. Falls Sie dann noch interessiert sind, folgt die Vereinbarung eines Gesprächstermins. Hier werden Sie tendenziell größerer Flexibilität begegnen; so wird unter Umständen auch die Vereinbarung eines Samstagstermins möglich sein, wenn Sie z.B. Ihren derzeitigen Arbeitgeber nicht durch einen Urlaubsantrag auf Ihre bevorstehende Wechselabsicht aufmerksam machen wollen. Der Treffpunkt kann das Büro der Personalagentur oder das Haus des Stellenanbieters sein, aber bisweilen auch ein neutraler Ort wie ein Hotel.

Die letzte Entscheidung trifft der Betrieb

Zunächst wird ein Gespräch mit der Personalberaterin oder dem Personalberater stattfinden. Dann folgt, wenn man Sie für geeignet hält, einige Tage später ein entscheidendes Vorstellungsgespräch im suchenden Betrieb, an dem die Personalberater meist teilnehmen. Selten findet auch gleich ein Gespräch im Betrieb statt, an dem der Personalberater teilnimmt. Die letzte Entscheidung über die Stellenvergabe trifft immer der Betrieb.

Der Ablauf des Vorstellungsgesprächs ist grundsätzlich der gleiche wie bei „normalen“ Vorstellungsgesprächen, mit einigen kleinen Abweichungen. So werden Sie Fragen nach dem Betrieb und der Stelle – z.B. warum die Stelle frei ist – Externen unbefangener stellen können, andererseits ist der Personalberater aber auch kein Insider. Im Gespräch mit dem Betrieb werden Sie dann im Personalberater oft einen Verbündeten haben, denn sie oder er hat Sie ja schließlich vorgeschlagen und will damit die eigene Kompetenz beweisen. Zumindest können Sie bei Nichterfolg die Gründe oder Ihre Fehler erfahren, was ansonsten selten der Fall ist.

Ihr eigenes Verhalten

Der gelungene Auftritt überzeugt fachlich und persönlich

Zum Schluss zum wichtigsten Gesprächspartner – Ihnen selbst. Welche Rolle sollten Sie in einem Vorstellungsgespräch spielen? Da ist zunächst die fachliche Seite. Hier wollen Sie Ihre Gesprächspartner davon überzeugen, dass Sie die oder der Richtige sind, zum anderen wollen Sie herausfinden, ob der Betrieb richtig für Sie ist. Genauso wichtig ist aber die persönliche Seite, die Sympathie. Schließlich sollen das Team des Betriebs und die neue Kollegin bzw. der neue Kollege auch gut zusammenarbeiten. Sowohl an der fachlichen als auch an der persönlichen Präsentation kann man arbeiten. Hierzu eine Reihe Tipps für Ihr Verhalten während des Vorstellungsgesprächs, die am Ende des Abschnitts noch einmal zu einer Checkliste zusammengefasst werden:

Sie sind die Lösung eines Problems

Machen Sie sich zunächst klar, worum es geht, und behalten Sie das während des ganzen Gesprächs im Kopf: Der Betrieb hat ein Problem, das er durch eine Personaleinstellung lösen will. Das ist eine teure betriebliche Zukunftsinvestition, die sorgfältig geprüft werden will. Die potentielle Lösung des betrieblichen Problems sind Sie. Sie sollen vor dem „Kauf" eingehend geprüft werden.

Werbung in eigener Sache

Sie wollen etwas verkaufen: Ihre Arbeitskraft

Wenn Sie sich als die Lösung des Problems anbieten wollen, betreiben Sie Werbung in eigener Sache – ob Sie das nun so sehen wollen oder nicht. Werbung in eigener Sache zu betreiben müssen die meisten Menschen erst lernen. Da es sich, wie gesagt, um eine teure Investition für den Betrieb handelt, wird sachliches Überzeugen am besten wirken. Aber natürlich muss auch die Art der Präsentation stimmen. Dazu später mehr.

Welche Aspekte Ihres Lebenslaufs könnten den Arbeitgeber besonders interessieren?

Das Angebot, das Sie zu machen haben, geht grundsätzlich aus Ihrem beruflichen Werdegang hervor. Daher werden Sie garantiert nach Ihrem Lebenslauf gefragt. Bevor Sie jetzt zu erzählen anfangen, bedenken Sie, dass Ihr Gegenüber nicht Ihren ganzen Lebenslauf braucht (der liegt ohnehin schriftlich vor), sondern solche Informationen, die für die Lösung seines Problems relevant sind. Üben Sie daher, Ihren Lebenslauf vorzutragen, am besten mit Freunden. Versuchen Sie, mit ihrem Bericht Interesse zu wecken. Zunächst müssen Sie dazu natürlich wissen, was das zu lösende Problem des Betriebs ist. Dazu haben Sie sich in der Vorbereitungsphase genau über Stelle, Betrieb und Branche informiert! Präsentieren Sie dann die gefragte Passage aus Ihrem Lebenslauf als Angebot zur Problemlösung an den Betrieb. Schildern Sie zunächst die Daten der betreffenden Station und stellen Sie dann den Bezug zu Ihrer angestrebten künftigen Arbeit her, am besten anhand von ein, zwei konkreten Beispielen, wie Sie ein Problem gelöst haben. Schildern Sie, wie Sie Kenntnisse erworben und dann eingesetzt, wie Sie Fähigkeiten unter Beweis gestellt haben.

Ein simples Beispiel: Sie bewerben sich bei Ihrem Wunscharbeitgeber für eine Auslandsabteilung und werden nach Ihrer Schulzeit gefragt. Erklären Sie zunächst kurz, von wann bis wann Sie welche Schule besucht haben, und bringen Sie dann nicht etwa Ihr Lieblingsfach Chemie ins Spiel, sondern Ihre Erfolge in Englisch und Französisch. Oder weisen Sie darauf hin, dass Sie ein Auslandssemester absolviert haben, um Ihre Sprachkenntnisse zu perfektionieren, und wie gut Sie diese Kenntnisse bei Ihrem späteren Arbeitgeber nutzen konnten.

Was haben Sie, das Ihre Mitbewerber nicht haben?

Das klingt banal. Das Schwierige dabei ist aber, diese Zielsetzung während des ganzen Gesprächs im Kopf zu behalten und stets entsprechend zielgerichtet zu antworten. Überlegen Sie außerdem, ob Sie über die Ihnen bekannten Forderungen des Betriebs hinaus noch einen Zusatznutzen anbieten können, mit dem Sie ihren Konkurrentinnen und Konkurrenten überlegen sind. Von einer künftigen Schreibkraft sind z.B. ausdrücklich nur Textverarbeitungskenntnisse gefordert, Sie aber haben außerdem Fremdsprachenkenntnisse, was in der betreffenden Position von Nutzen sein wird.

Greifen Sie in den Gesprächsablauf ein

Sie wollen aber nicht nur Ihre Gesprächspartner von Ihren Qualitäten überzeugen, Sie wollen auch selbst die für Ihre persönliche Entscheidung wichtigen Fragen beantwortet bekommen. Auch wenn ein Vorstellungsgespräch typischerweise von der Interviewerseite gesteuert wird, müssen Sie also gegebenenfalls auch selbst lenkend eingreifen.
In dieser Form müssen Sie auch Ihrem Gesprächspartner auf die Sprünge helfen, wenn wichtige Qualitäten, die Sie anzubieten haben, von seiner Seite nicht angesprochen werden. In beiden Fällen sollten Sie sich freundlich einschalten. In letzterem Fall könnten Sie z.B. einflechten: ,,Wenn ich Sie hier richtig verstanden habe, ist für Sie … besonders wichtig. Ich könnte mir vorstellen, da dürfte es Sie interessieren, dass ich …“ Denken Sie daran, dass Sie mit dem Gespräch nur diese eine Chance haben.

Machen Sie sich sympathisch

Das war jetzt die fachliche Seite. Um zu gewinnen, müssen Sie aber auch die Sympathie Ihrer Gesprächspartner erringen. Über Sympathie oder Antipathie wird zwar weitgehend unbewusst entschieden. Sowohl beim entscheidenden ersten Eindruck, auf den später gesondert eingegangen wird, als auch danach im Gespräch können Sie Sympathie aber auch mit einigen „technischen“ Tricks fördern. Wie schon gesagt: Finden Sie zunächst Ihre Gesprächspartner sympathisch, auch wenn Sie auf Anhieb nicht dieser Meinung sind; eine positive wie eine negative Grundeinstellung sind spürbar.

Reden Sie die Gesprächspartner mit Namen an

Reden Sie Ihr Gegenüber mit Namen an; das stellt einen persönlichen Bezug her. Halten Sie während des Gesprächs Blickkontakt und sehen Sie nicht auf den Boden, Ihre Hände oder aus dem Fenster. Schauen Sie freundlich; wer ein freundliches Gesicht macht, wird von den meisten Menschen viel leichter sympathisch gefunden. Sprechen Sie laut und deutlich; Missverständnisse führen zu Irritationen. Hören Sie aber auch selber aufmerksam zu. Versuchen Sie dabei, wie erläutert, alle Anwesenden einzuschließen; wer sich ausgeschlossen fühlt, neigt zu negativen Urteilen, und gerade die zurückhaltenden Teilnehmer sind oft die entscheidenden.

Antworten Sie überlegt und sachlich, positiv und offen

Lassen Sie sich nie provozieren

Selbstverständlich sollten sie immer ruhig, geduldig und sachlich bleiben und sich nicht provozieren lassen. Sagen Sie nie etwas wie „Das habe ich doch schon gesagt“. Reagieren Sie auf jede Frage mit einer sachlichen Erklärung.

Seien Sie nicht zu vertrauensselig und plaudern Sie nicht aus dem Nähkästchen: Sie kennen Ihren Gesprächspartner nicht und wissen nicht, ob er Ihre Werturteile teilt. Außerdem geben Sie beim Plaudern leicht Dinge preis, die Sie gar nicht verraten wollten. Denken Sie beim Antworten an die Position, um die es geht.

Verfallen Sie aber auch nicht ins andere Extrem und seien Sie nicht übertrieben misstrauisch; Verschlossenheit stößt selten auf Sympathie. Auch wer über andere negativ spricht (insbesondere die ehemaligen Kollegen oder den ehemaligen Arbeitgeber) macht einen ganz schlechten Eindruck.

Verstellen Sie sich nicht

Lügen bringt nichts

Und schließlich: Versuchen Sie keine Rolle zu spielen. Es kann Ihnen überhaupt nicht gelingen, sich ein ganzes Vorstellungsgespräch lang zu verstellen. Selbst wenn Ihre Gesprächspartner nicht so erfahren wären, wie sie es praktisch immer sind, würden sie Ihnen im Laufe eines so intensiven Gesprächs auf die Schliche kommen.

Statt desssen dürfen und sollten Sie natürlich Ihre Schokoladenseite präsentieren und nicht gerade auf Ihre schlechtesten Eigenschaften hinweisen. Also: Verkaufen Sie sich so gut wie möglich, aber bleiben Sie sich selbst treu.

Die Checkliste

Hier noch einmal die wichtigsten Tipps für Ihr Verhalten während des Vorstellungsgesprächs in einer Checkliste, die Sie im Kopf behalten sollten:

- Seien Sie sich stets bewusst, dass Sie dem Betrieb eine Lösung für ein Problem anbieten wollen.
- Tragen Sie Ihren Lebenslauf in der Form vor, dass Sie ein nützliches Angebot machen.
- Ergreifen Sie selbst im Gespräch an geeigneter Stelle die Initiative.
- Finden Sie Ihre Gesprächspartner sympathisch.
- Reden Sie Ihr Gegenüber mit Namen an.
- Halten Sie Blickkontakt.
- Machen Sie ein freundliches und offenes Gesicht.
- Sprechen Sie laut und deutlich.
- Hören Sie aufmerksam zu und antworten Sie bereitwillig.
- Antworten Sie stets in Form einer überlegten, sachlichen und positiven Erklärung.
- Verstellen Sie sich nicht.

Der Gesprächsablauf

Viele Gespräche laufen ähnlich ab

Nach Abschluss aller Vorbereitungen und dem Blick auf die zu erwartenden Gesprächsteilnehmer kommen wir nun zum Vorstellungstermin. Was Sie dort erwartet, lässt sich nicht im Einzelnen vorhersagen. Jedes Vorstellungsgespräch läuft individuell ganz verschieden ab, es gibt keine festen Regeln. Dennoch lassen sich etliche Elemente herausfiltern, die praktisch in jedem Interview enthalten sind. Diesen Elementen werden auch Sie höchstwahrscheinlich in Ihrem Vorstellungsgespräch wieder begegnen, wenn auch nicht unbedingt in dieser Reihenfolge:

- Die Gesprächssituation
- Warten
- Der erste Eindruck
- Begrüßung
- Aufwärmfrage
- „Tasse Kaffee?“
- Die Gesprächseröffnung
- Information über Stelle und Betrieb
- Ihr Lebenslauf
- Die Gehaltsfrage
- „Haben Sie noch eine Frage?“
- Wie geht's jetzt weiter?
- Gesprächsabschluss

Den Schwerpunkt des Gesprächs werden die beiden Elemente „Information über Stelle und Betrieb“ sowie „Ihr Lebenslauf“ bilden. Hier werden die einzelnen Vorstellungsgespräche sich im Hinblick auf Inhalt und Reihenfolge auch am stärksten unterscheiden. Es kann sein, dass ein informativer Bericht durch die Interviewerin oder den Interviewer den Auftakt macht, es kann sein, dass Sie zunächst aufgefordert werden, aus Ihrem Lebenslauf zu berichten, oder es kann

zwischen diesen beiden Punkten hin und her gehen. Die vorausgehenden und nachfolgenden Stationen dagegen werden sich oft überraschend wenig unterscheiden, also die Phasen vom Warten über den ersten Eindruck, die Begrüßung und eine Aufwärmfrage sowie die Erkundigung, ob man Ihnen eine Tasse Kaffee anbieten kann, bis zur Gesprächseröffnung sowie die anschließenden Themen Gehaltsfrage, „Haben Sie noch eine Frage?" und „Wie geht's jetzt weiter?" bis zum Gesprächsabschluss.
Am Anfang soll zunächst ein Blick auf die Gesprächssituation allgemein stehen.

Die Gesprächssituation

Die meisten Bewerber fühlen sich der Arbeitgeberseite unterlegen

Die Gesprächssituation bei einem Vorstellungstermin ist für die meisten Bewerber ungewohnt. Zum einen sehen sie sich in der klar unterlegenen Position. Dies beginnt bei der Festlegung des Treffpunkts und geht über die Gestaltung des Ablaufs bis zur Auswahl der Gesprächsteilnehmer. Diese Situation führt leicht zu Verunsicherung, die mitunter kindliche Reaktionen wie Trotz, Unterwürfigkeit, Aggressivität oder schnippisches Verhalten provoziert. Verfallen Sie nicht in diese Fehler! Zum anderen begegnen Sie in Vorstellungsgesprächen einem sehr künstlichen, indirekten Frage- und Antwortverhalten, das im alltäglichen Miteinander nicht verbreitet ist. Der Betrieb will erfahren, ob Bewerberin oder Bewerber seine Anforderungen erfüllen. Er vermutet, dass die Bewerber alles daransetzen werden, die Stelle zu bekommen. Also stellt er die Frage, ob diese Anforderungen erfüllt werden, nicht direkt, da er erwartet, dann auf jeden Fall ein Ja zur Antwort zu bekommen. Statt dessen wird er nach konkreten Erfahrungen aus dem beruflichen Werdegang der Bewerber fragen, aus denen er Aufschluss über zukünftiges fachliches wie auch persönliches Verhalten erwartet. Sie als Bewerber werden diese Fragen in ihrer Bedeutung oftmals nicht einordnen können. Die Fragen wirken hinterhältig, man weiß nicht, wie man antworten soll. Auch hieraus resultieren leicht Unterlegenheitsgefühl und Unsicherheit. Die folgenden Abschnitte sollen Ihnen das nötige Hintergrundwissen vermitteln, das diese Gefühle vermeidet, Ihnen die Regeln für dieses besondere Spiel beibringen.

Als Erstes lohnt hier ein Blick auf Ziel und Zweck des Gesprächs: Die Vertreter des Betriebs wollen einen geeigneten Mitarbeiter auswählen und die oder den Betreffenden auch für den Betrieb gewinnen. Sie wollen dafür die persönliche und fachliche Eignung herausfinden und werden bei offenen Fragen nachhaken. Wichtig zur Fundierung ihrer Entscheidung sind ihnen vor allem Begründungen. Ferner sollen im Gespräch auch die Konditionen einer Beschäftigung geklärt werden. Sie selbst wollen erfahren, ob dies die richtige Arbeitsstelle für Sie ist, und den Betrieb davon überzeugen, dass Ihre Einstellung ihm Nutzen bringt. Der Zweck des Vorstellungsgesprächs ist ein erstes Kennenlernen, bei dem es um die Klärung dieser Fragen und die Herstellung von Sympathie geht. Es dreht sich also um Ihre Persönlichkeit und Ihr Verhalten.

Durchschnittliche Gesprächsdauer: eine Stunde

Den äußeren Rahmen für das Gespräch bietet in der Regel ein Büro oder Besprechungsraum des Betriebs. Die Dauer von Vorstellungsgesprächen ist sehr unterschiedlich; sie dürfte im Schnitt bei einer Stunde liegen, kann aber auch wesentlich länger sein. Zahl und hierarchischer Rang der Gesprächspartner werden mit der Bedeutung der in Frage stehenden Position zunehmen.

Gesprächseröffnung und Gesprächsführung obliegt den Vertreterinnen und Vertretern des Betriebs. Dabei sollten Sie es belassen. Das bedeutet allerdings nicht, dass Sie nicht unter Umständen steuernd ins Gespräch eingreifen müssten. Zahlreiche Personalfachleute hören sich sehr gerne reden und bestreiten manchmal fast das gesamte „Gespräch" alleine.

Das erscheint Ihnen zunächst sehr angenehm: Sie werden nicht gefordert, und die Unterhaltung verläuft in harmonischem Rahmen. Doch leider haben Sie gar nichts davon. Wenn Ihr Gesprächspartner nach Abschluss aller Vorstellungsgespräche für diesen Posten die Bewerber im Geist Revue passieren lässt, wird ihm zu Ihnen gar nichts mehr einfallen. Er wird womöglich wichtige Informationen nicht erfragt haben. Und auch für Sie sind umgekehrt wichtige Fragen offen geblieben. In solchen Fällen heißt es also eine Gesprächspause nutzen und Ihre Position aktiv einbringen („Wenn ich Sie richtig verstanden habe, dann müsste für Sie interessant sein, dass ich …“) oder Ihre Fragen stellen.

Die meisten Vorstellungsgespräche laufen fair und freundlich ab

Im übrigen können Sie praktisch immer davon ausgehen, dass Vorstellungsgespräche fair und ohne niederträchtige Fragen geführt werden. Der Ton ist meist freundlich, kann je nach Person und der Position, um die es geht, allerdings auch einmal etwas härter ausfallen. Insbesondere in größeren Betrieben werden Sie feststellen, dass die Gespräche oft sehr genau nach dem unten geschilderten Schema ablaufen. Mitunter, oft in kleineren Betrieben, werden Sie jedoch auch ganz unkonventionellen Vorgehensweisen begegnen.

Warten

Am Anfang steht regelmäßig das Warten. Sie wissen schließlich, dass Pünktlichkeit ganz verbreitet als Grundtugend angesehen ist und hier in jedem Fall erwartet wird. Sie haben also in Ihrer Anreiseplanung Spielraum für eventuelle Verzögerungen eingebaut und sind jetzt tatsächlich zu früh da. Das Warten vor dem Gespräch ist also eine ganz charakteristische Situation bei Vorstellungsterminen. Warten macht leider nervös. Einige Tipps fürs Zufrühkommen haben Sie schon weiter oben erhalten (spazieren gehen und die neue Umgebung erkunden oder bei Regen beim Pförtner warten). Die Wartezeit in einem Vorraum nutzen Sie am besten dazu,

Ihre mitgebrachten Kopien der Bewerbungsunterlagen durchzusehen und sich damit den bisherigen Stand der gegenseitigen Bekanntschaft noch einmal kurz zu vergegenwärtigen sowie Ihre Gesprächsstrategie im Kopf durchzugehen.

Nutzen Sie die Wartezeit zur Vorbereitung

Üblicherweise werden Sie dann von einer Sekretärin abgeholt, wenn Ihre Gesprächspartner bereit sind, Sie zu empfangen. Seien Sie auch schon zur Sekretärin freundlich; erstens ist das netter, zweitens auch in Ihrem eigenen Interesse: Sekretärinnen haben mitunter einen nicht zu unterschätzenden Einfluss auf Ihre Chefinnen oder Chefs und werden vielleicht sogar nach dem Gespräch nach ihrem Eindruck gefragt. Sagen Sie also auch ihr keine Dinge, die Sie Ihrem eigentlichen Gesprächspartner nicht sagen würden.

Mäntel und Schirme sollten Sie vor dem Gespräch loszuwerden versuchen. Wenn sie Ihnen nicht unaufgefordert abgenommen werden, fragen Sie Pförtner oder Sekretärin. Es ist meist etwas ungeschickt, wenn Sie Ihre Sachen erst im Besprechungsraum irgendwo unterbringen müssen.

Der erste Eindruck

Extrem wichtig: ein guter erster Eindruck

Und dann stehen Sie Ihrer Gesprächspartnerin, Ihrem Gesprächspartner oder auch Ihren Gesprächspartnern zum ersten Mal gegenüber. Dies ist der Augenblick des ersten Eindrucks. Sie glauben gar nicht, wie viel in dieser ersten Minute bereits vorentschieden wird, wie schwer sich ein erster Eindruck später korrigieren lässt. Und leider können Sie in vieler Hinsicht da auch gar nichts machen. Vieles läuft hier unbewusst ab; man hat so ähnliche Gesichter schon einmal gesehen, und die Typen dahinter waren stets unangenehm; das Gegenüber entspricht überhaupt nicht dem persönlichen Schönheitsideal; und so weiter. Aufgrund solcher Vorurteile sind Sie einander dann von vornherein sympatisch oder unsympathisch.

Pluspunkte gibt es für passende Kleidung

Glücklicherweise gibt es aber doch ein paar Dinge, die Sie beeinflussen können, damit von vornherein eine positive Grundstimmung entsteht. Dazu gehört z.B. die schon besprochene Art der Kleidung. Die Kleidung prägt ganz wesentlich das Bild, das man sich beim ersten Anblick von einem Menschen macht. Und die können Sie im Unterschied zu Ihrer Nase, die Ihrem Gegenüber vielleicht nicht passt, glücklicherweise ändern. Das Gleiche gilt für den Zustand von Frisur und Fingernägeln, für Make-up, Körpergeruch, Parfüm etc. Da Sie Ihr Gegenüber nicht persönlich kennen, sind Ihnen seine Vorlieben auch nicht geläufig. Als Ausweg gilt bei der Kleidung wie bei allen anderen Punkten die Orientierung an verbreitet als positiv bewerteten Normen.

Beeinflussbar sind in gewissem Maße auch Mimik und Sprechweise. Einen positiven ersten Eindruck machen Sie mit folgenden Mitteln:

- Freundlich blicken
- Lächeln
- Offener Gesichtsausdruck
- Blickkontakt halten (nicht auf den Boden, zum Fenster schauen)
- Natürlich auftreten (weder zu forsch noch verkrampft)
- Ihre Gesprächspartner mit Namen ansprechen
- Bereitwillig antworten
- Laut und deutlich sprechen
- Aufmerksam zuhören
- Interesse zeigen (gelegentlich bestätigen, nicken, wiederholen)

Viel erreichen Sie bereits automatisch, wenn Sie sich zwingen, Ihren Gesprächspartner sympathisch zu finden (auch wenn's schwerfallen sollte).

Sehr viel wäre hier über Körpersprache (also Haltung, Gestik etc.) zu sagen. Doch was nutzt es Ihnen, wenn Sie wissen, dass es ganz unsicher wirkt, wenn Sie während des Gesprächs Ihren Fuss geradezu ums Stuhlbein wickeln? Sie machen das ja schließlich unbewusst. Und wenn Sie sich darauf konzentrieren, das zu vermeiden, verraten Sie sich statt dessen mit anderen Gesten. Außerdem können Sie Ihre Konzentration viel besser für das Gespräch brauchen. Solche Tipps wären also nicht mehr als ein Kurieren an Symptomen. Viel besser ist es dagegen, an den Ursachen anzusetzen: Mit einer guten Vorbereitung, wohlinformiert, richtig gekleidet und mit Ihrer Kenntnis über den Ablauf von Vorstellungsgesprächen, die Sie sich gerade aneignen, werden Sie von vornherein viel weniger nervös und unsicher sein.

Begrüßung

Üblicherweise erfolgt die Begrüßung per Händedruck. Schauen Sie Ihre Gesprächspartner dabei an! Wichtig ist in dieser Phase vor allem eines: Sehen Sie zu, dass Sie sich die Namen Ihrer Gesprächspartner einprägen. Dies ist natürlich besonders schwierig, wenn Sie es mit mehreren Personen gleichzeitig zu tun bekommen. Daher lautete ein Tipp auch weiter oben: Fragen Sie zuvor telefonisch nach den Namen Ihrer Gesprächspartner. Wenn Sie in dieser Begrüßungsphase einen Namen nicht verstanden haben: Zögern Sie nicht nachzufragen. Vielleicht meinen Sie ja, das störe einen harmonischen Gesprächsauftakt. Das mag sein, aber bedenken Sie die Alternative: Wenn Sie später im Verlauf des Gesprächs den Namen Ihres Gegenübers nicht wissen, können Sie sich völlig unmöglich machen. Und Fragen macht sich dann gar nicht mehr gut. Der beste Moment für eine Nachfrage ist wirklich die Begrüßung; beißen Sie in den sauren Apfel, wenn Sie den Namen nicht verstanden haben.

Prägen Sie sich den Namen des Gesprächspartners gut ein

Zum Namen gehört traditionell auch ein eventueller Doktortitel. Lassen Sie ihn bei der Anrede nicht unaufgefordert weg. Manchen Gesprächspartner könnten Sie so unnötig vergrätzen. Versuchen Sie bei der Vorstellung mehrerer Gesprächspartner auch, sich deren jeweilige Funktionen einzuprägen, damit Sie im Gespräch gezielter fragen und antworten können. Auch dies lässt sich am besten in aller Ruhe mit einem vorherigen Anruf in Erfahrung bringen.

Aufwärmfrage

„Haben Sie den Weg gut gefunden?" Wenn Sie einige Erfahrung mit Vorstellungsgesprächen haben, werden Sie vielleicht schon geneigt sein zu schmunzeln, wenn Sie diese Frage hören, die Ihnen fast unvermeidlich zum Auftakt gestellt wird. Alternativen sind die Erkundigung, ob Sie angesichts des Verkehrs gut durchgekommen sind, ob Sie eine gute Fahrt hatten, oder Bemerkungen zum Wetter. Lachen Sie nicht, sondern lassen Sie sich darauf ein. Wissen Sie vielleicht etwas Besseres zum Auftakt? Und schließlich ist es ja nett gemeint! Mit einer solchen unverfänglichen Frage will Ihre Gesprächspartnerin oder Ihr Gesprächspartner zu Beginn die Atmosphäre auflockern, Ihnen ein wenig die natürliche Nervosität nehmen.

Auch der Betrieb ist bestrebt, eine positive Gesprächsatmosphäre zu schaffen

„Tasse Kaffee?"

Nach Begrüßung und Aufwärmfrage wird man Ihnen vermutlich eine Tasse Kaffee anbieten, vielleicht auch Tee, Saft, ein Glas Wasser oder ein anderes Getränk. Wenn Sie keine gewichtigen Gegengründe haben, sollten Sie das Angebot dankend annehmen. Wenn Sie aber z.B. wissen, dass Kaffee Ihre Nervosität erheblich steigert und Sie ins Schwitzen bringt, ist es auch kein Problem, höflich abzulehnen. Alkoholhaltige Aperitifs allerdings sollten Sie zurückweisen; Alkohol senkt Ihre Leistungsfähigkeit, und hier sollten Sie wirklich zu hundert Prozent bei der Sache sein. Von alleine verstehen dürfte es sich, dass Sie nicht ohne weiteres eine Zigarette anzünden sollten.

Die Gesprächseröffnung

Die Überleitung vom „Vorgeplänkel“ zum eigentlichen Vorstellungsgespräch wird die Interviewerin bzw. der Interviewer übernehmen. Die Möglichkeiten, wie dies geschieht, sind unbegrenzt. Grundsätzlich stehen jetzt jedoch nur zwei Themen zur Verfügung: Entweder gibt Ihnen Ihr Gesprächspartner jetzt einige einleitende Informationen zu Stelle und Betrieb. Oder er wird Ihnen eine Frage stellen, die sich auf Ihren Lebenslauf bezieht.

Die Moderatorenrolle sollten Sie Ihrem Gesprächspartner überlassen. Sie dürfen Sie oder ihn aber ohne weiteres beim Aufbau eines harmonischen Gesprächs unterstützen. Dazu können Sie beitragen, indem auch Sie sie oder ihn gelegentlich namentlich ansprechen oder auch einmal etwas allgemein Nettes sagen, z.B. dass Sie zu Beginn für eine gute Wegbeschreibung danken oder etwas Zustimmendes äußern. Ihr Gesprächspartner ist auch nur ein Mensch.

Die Gesprächsführung liegt immer bei der betrieblichen Seite

Information über Stelle und Betrieb

Wenn Ihre Gesprächspartnerin oder Ihr Gesprächspartner das eigentliche Vorstellungsgespräch mit einigen einleitenden Informationen zum Betrieb und zur fraglichen Stelle beginnt, will sie oder er damit weiter für eine entspannte Gesprächsatmosphäre sorgen. Sie können zunächst ein wenig zuhören und Ihre Anfangsnervosität ablegen. Diese Informationen können jedoch auch am Ende des Gesprächs erfolgen oder an jeder beliebigen Stelle, auch verstreut über die Gesprächsdauer oder im Wechselspiel mit Ihren Informationen über Ihren Werdegang.

Themen

Sie werden hier Informationen erhalten über Betrieb und Branche wie Umsatzzahlen, Gewinnsituation, Mitarbeiterzahl, Rechtsform des Betriebs, Beteiligungsverhältnisse,

Filialen, die Produktpalette, Marksituation, Konkurrenzverhältnisse, Image, Entwicklungsperspektiven und Zukunftsaussichten. Im Grunde sind es all die Punkte, über die Sie vor dem Gespräch schon versucht haben, Informationen zu sammeln, aber vielleicht nicht immer mit Erfolg.

Auch der Arbeitgeber will werben und informieren

Zum anderen gehören zu dem informativen Aspekt des Vorstellungsgesprächs auch konkretere Angaben über die zu vergebende Stelle, wie – ganz besonders wichtig – eine genaue Aufgabenbeschreibung, Zukunftsperspektiven und Weiterbildungsmöglichkeiten, die Klärung der Frage, warum die Stelle frei ist, die Art Ihrer Einarbeitung, das Team, mit dem Sie zusammenarbeiten sollen (Zahl der Kollegen, Ihre hierarchische Stellung, Atmosphäre, Alter der Kollegen), Ihr vorgesehener Arbeitsplatz. Sie werden die Fragen wiederfinden, die Sie sich auf Ihrem Fragenkatalog notiert haben.

Weitere Punkte dieses Fragenkatalogs werden oft erst gegen Ende des Gesprächs zum Thema werden, insbesondere die Gestaltung der Vertragskonditionen (Gehalt, Arbeitszeit, Probezeit, Beginn der Tätigkeit) und die Frage, wie Sie nach dem Gespräch verbleiben.

Insgesamt geht es hier auf der einen Seite um Eigenwerbung des Betriebs, mit der dieser seine künftige Mitarbeiterin oder seinen Mitarbeiter gewinnen möchte. Auf der anderen Seite handelt es sich um die Informationen, die Sie brauchen, um sich gegebenenfalls für die Stelle entscheiden zu können.

Zuhören und fragen

Deshalb ist auch hier Ihre aktive Mitwirkung gefragt. Schließlich dient das Vorstellungsgespräch nicht nur der Information des Betriebs über Sie, sondern auch Sie wollen ja nachher eine ganz genaue Vorstellung vom Betrieb haben. Stellen Sie Fragen! (Damit demonstrieren Sie darüber hinaus auch Interesse.)

Hören Sie gut zu

Ein Teil der von Ihnen benötigten Informationen wird aus dem freiwilligen Vortrag Ihrer Interviewerin oder Ihres Interviewers hervorgehen. Oft wird das sogar recht viel sein, denn manch einer hört sich sehr gern reden. Hören Sie hier ruhig ganz aufmerksam zu. Manche Ihrer vorher überlegten Fragen wird sich von ganz allein beantworten. Zwangsläufig werden aber nicht alle Ihre Fragen so eine Antwort finden.

Notieren Sie sich die wichtigsten Informationen

Bei manchen Interviewern wird der Punkt Information auch arg kurz kommen oder ganz entfallen; oft vielleicht sogar mit dem Hintergedanken, dass Sie Informationen, die Sie benötigen, selbst abfragen werden. Wenn die Gesprächsentwicklung es also angezeigt erscheinen lässt, sollten Sie versuchen, Ihre Fragen loszuwerden. Hier dürfen Sie ohne weiteres gelegentlich auf Ihren Notizzettel schauen. Es geht schließlich um wichtige Fragen, und niemand kann in einer so angespannten Situation alles im Kopf haben. Wichtige Informationen dürfen Sie auch kurz notieren. Bleiben Sie jedoch flexibel und rattern Sie Ihre Fragen nicht monoton vom Blatt herunter. Damit nerven Sie Ihren Gesprächspartner, und eine gute Gesprächsatmosphäre ist äußerst wichtig. Bedenken Sie auch, dass sich manche Frage im Verlauf des Gesprächs vielleicht schon von selbst erledigt haben kann oder aber erst neu auftaucht.

Die richtige Stelle im Gespräch zu finden, an der Sie Ihre Fragen loswerden können, erfordert oft Fingerspitzengefühl. Mitunter werden Sie es auch schwer haben, überhaupt ein Wort dazwischenzubekommen. Gehen Sie aber keinesfalls aus dem Gespräch, ohne alle für Sie wirklich nötigen Informationen bekommen zu haben. Notfalls müssen Sie Ihre Fragen gesammelt am Schluss stellen.

Strategisches

Manche Interviewer werden die Informationsphase auch mit einer Frage einleiten wie: „Was wissen Sie denn schon über

Je mehr Sie schon über Betrieb und Branche wissen, desto besser können Sie mitreden

unseren Betrieb?“ Wenn Sie hier „Nichts“ antworten, muss Ihr Gesprächspartner folgern, dass Sie nicht wirklich an der Position interessiert sind. Auch an dieser Stelle zeigt sich wieder die Wichtigkeit einer guten Vorbereitung, die Sie hier demonstrieren können. Zumindest sollten Sie jetzt etwas über die Branche allgemein zu sagen verstehen.

In den informativen Phasen des Gesprächs ist es auch besonders angezeigt, dass Sie Interesse bekunden, um einen guten Eindruck zu machen. Nicken Sie, bestätigen Sie, wiederholen Sie, lassen Sie an geeigneter Stelle ergänzende Informationen einfließen, die Ihnen bekannt sind (z.B. aus Ihrer Vorbereitung), zeigen Sie also, dass Sie in gewisser Beziehung schon mitreden können, Insider sind, stellen Sie Verständnisfragen, erfragen Sie Zusatzinformationen, halten Sie Blickkontakt.

Wenn Sie es in Ihrem Gespräch mit mehreren Teilnehmern zu tun haben, sollten Sie die Fragen, die Stelle, Betrieb und Branche betreffen, besser an die Vertreterin oder den Vertreter der Fachabteilung stellen als an die Personalabteilung.

Ihr Lebenslauf

Nachdem im vorangegangenen Abschnitt der Teil des Vorstellungsgesprächs beschrieben wurde, in dem der Betrieb sich vorstellt und Sie Ihre Informationsfragen stellen können, folgt nun der Teil, in dem Sie sich dem Betrieb präsentieren sollen und Ihnen Fragen gestellt werden. Dieser Abschnitt wird regelmäßig den Hauptbestandteil des Vorstellungsgesprächs ausmachen.

Bevor der Betrieb die bedeutsame Zukunftsentscheidung einer Personaleinstellung trifft, möchte er Ihre Eignung für die zur Verfügung stehende Stelle erkunden. Ihre Gesprächspartner wollen sowohl

- Ihre fachliche Eignung als auch
- Ihre persönliche Eignung

herausfinden. Der Betrieb will sicherstellen, dass Sie die zu lösende Aufgabe erfüllen können und dabei auch zum Team passen. Ihre Gesprächspartner werden Sie das nicht direkt fragen, weil Sie sonst voraussichtlich immer mit Ja antworten. Statt dessen werden sie versuchen, diese Eignung aus Ihrem bisherigen Werdegang abzuleiten. Einen ersten Einblick haben Sie bereits mit Ihren Bewerbungsunterlagen gegeben. Im persönlichen Vorstellungsgespräch soll dieser Eindruck nun vervollständigt werden.

Dieser Bestandteil des Vorstellungsgesprächs braucht kein einheitlicher Block innerhalb des Gesprächs zu sein, wird es in der Regel auch nicht. Fragen zu Ihrem Lebenslauf können am Anfang des Vorstellungsgesprächs stehen, oder es kann ein informativer Bericht über die Stelle, den Betrieb, die Branche vorausgehen. Vielfach wird er von anderen Themen unterbrochen werden, das Gespräch wird mehrfach auf das Thema Ihrer Eignung zurückkehren.

Fragen können Ihnen sowohl von Vertreterinnen und Vertretern der Personal- als auch der Fachabteilung, gegebenenfalls der Geschäftsführung gestellt werden. Die fachliche Seite wird während des Gesprächs in der Regel von der Fachabteilung abgecheckt, sofern sie beteiligt ist. Über Ihre persönliche Eignung werden sich sowohl die Personal- wie auch die Fachabteilung ein Bild machen wollen.

Ihr eigenes Ziel wird es sein, die Stelle auch wirklich zu bekommen. Dazu müssen Sie die Vertreterinnen und Vertreter des Betriebs von Ihrer fachlichen und persönlichen Eignung überzeugen. Sie müssen dabei im Auge haben, dass Sie Konkurrenten haben, die vor oder nach Ihnen ebenfalls zum Gespräch geladen werden, und von denen Sie sich abheben müssen. Dafür sollten Sie dem Betrieb einen Zusatznutzen gegenüber den anderen versprechen. Mit anderen Worten: Sie müssen Werbung für sich machen, Sie müssen sich verkaufen. Daran führt kein Weg vorbei, auch wenn Sie

Sich bewerben heißt: Werbung in eigener Sache machen

meinen, das nicht zu können. Allerdings geht es hier ja auch nicht um effektvolle Reklame, sondern um ein sachliches Überzeugen. Bei der Schilderung Ihrer bisherigen Leistungen sollten Sie weder ins Prahlen verfallen noch Ihr Licht unter den Scheffel stellen, sondern eine sachliche Darstellung wählen.

Der persönliche Eindruck ist entscheidend

Ihre Gesprächspartnerin, Ihr Gesprächspartner oder Ihre Gesprächspartner werden Ihnen in diesen Phasen des Vorstellungsgesprächs Fragen zu Ihrem Lebenslauf stellen. Die Gründe sind vielfältig: Aus Ihren Unterlagen gehen einige benötigte Informationen nicht hervor, Ihren Gesprächspartnern sind einige Punkte unklar geblieben, Ihre Gesprächspartner haben Zweifel – oder sie haben ihre Unterlagen gar nicht gelesen; sehr wichtig ist darüber hinaus aber auch der persönliche Eindruck, der aus schriftlichen Unterlagen nicht zu gewinnen ist.

Der Betrieb möchte natürlich zutreffende Antworten bekommen. Ein Hilfsmittel zu diesem Zweck wurde schon genannt: Viele Fragen werden etwas verdeckt formuliert, um die gewünschte Antwort nicht vorzugeben. Im übrigen werden Ihre Gesprächspartner sehr viel Wert auf zwei Dinge legen:

- Schlüssigkeit und
- Motivation

Ganz wichtig: die Motive für Entscheidungen

Ihre Gesprächspartner werden also zum einen versuchen, aus Ihrem bisherigen Werdegang ein schlüssiges Vorgehen herauszulesen; daher wird auch ein lückenloser Lebenslauf verlangt. Zum anderen werden Sie stets daran interessiert sein, die Begründungen, die Motivation herauszufinden, die hinter den Entscheidungen auf Ihrem Berufs- und Lebensweg standen. Schließlich sollen aus Ihrem bisherigen Lebenslauf ja Schlüsse auf Ihr zukünftiges Verhalten gezogen werden. Man möchte nicht zuletzt wissen, ob mit Ihnen längerfristig zu rechnen ist.

Wenn Sie sich nicht gleich ganz unbeliebt machen wollen, reagieren Sie also auf eine Frage nach Ihrem Lebenslauf niemals mit einer Bemerkung wie „Das steht doch schon alles in meinen Unterlagen“. Auch ein Hinweis wie „Das habe ich doch schon gesagt“ ist mindestens taktisch unklug. Beantworten Sie jede Frage freundlich, ruhig und sachlich.

Eine wichtige Regel: Es gibt keine dummen Fragen der Personalabteilung

Wenn Sie nun im Verlauf des Gesprächs feststellen, dass Ihr Gesprächspartner diese Fragen nicht stellt, müssen Sie aufpassen. Zunächst ist es natürlich angenehm und entspannend, wenn Ihr Interviewer so gerne redet, dass er das Gespräch fast alleine bestreitet. Sie müssen scheinbar nur nicken, um einen guten Eindruck zu machen. Doch wie schon weiter oben geschildert, nutzt Ihnen das im Endeffekt gar nichts. Ihr Gesprächspartner weiß nachher bei der Entscheidung kaum etwas über Sie. Ihre Qualifikationen müssen also zum Thema werden. Sie haben nur diese eine Chance, für sich zu werben, die müssen Sie wahrnehmen. Nutzen Sie in solchen Fällen also an geeigneter Stelle eine Atempause des Gegenübers aus und versuchen Sie Ihre Eignung selbst ins Spiel zu bringen, z.B. mit den Worten: „Nach dem, was ich jetzt gerade herausgehört habe, müsste für Sie wichtig sein …“ oder „Ich könnte mir vorstellen, dass für Sie von Interesse ist …“ Umgekehrt gilt: Je konkreter die Fragen Ihres Gesprächspartners werden, desto besser stehen wahrscheinlich Ihre Aktien.
Allerdings werden Sie vielleicht denken, dass Ihr persönlicher Lebenslauf mitunter gar nicht so schlüssig und lückenlos ist wie gewünscht, dass Sie für manche Entscheidungen gar keine rechte Begründung geben können. Das ist ganz normal, Entscheidungen fallen nicht immer streng rational, manchmal unbewusst; und trotzdem steckt in aller Regel eine eigene Logik dahinter. Es geht im Vorstellungsgespräch aber gar nicht darum, Ihr tiefstes Inneres zu erforschen. Der Betrieb möchte sehen, dass Ihre Entscheidungen bisher fun-

diert waren und es auch künftig sein werden, also auch Ihre Entscheidung für diese Stelle fundiert ist. Überlegen Sie sich vorher eine logisch schlüssige, begründete Darstellung Ihres beruflichen Werdegangs.
Besonders wenn im Folgenden die Fragen, die Ihnen gestellt werden können, näher betrachtet werden und Sie Erläuterungen bekommen, worauf die einzelnen Fragen hinauswollen, werden Sie erkennen, wie wichtig es ist, das zielgerichtete Antworten vorher zu üben.
Die Fragen zu Ihrem Lebenslauf, die Ihre fachliche und persönliche Eignung ans Licht bringen sollen, kreisen um folgende Themen:

- Ihre Ausbildung
- Ihre berufliche Erfahrung
- Die Schlüssigkeit Ihres beruflichen Werdegangs
- Motive für Ihre beruflichen Entscheidungen
- Ihre Persönlichkeit

Zur Ausbildung gehören Schule, eventuell Hochschule, Berufsausbildung, Praktika etc., aber auch Weiterbildung und berufliche Zusatzqualifikation. Die berufliche Erfahrung umfasst Ihre fachlichen Leistungen auf bisherigen Stellen sowie besondere Arbeitsschwerpunkte, Kenntnisse und Fähigkeiten einschließlich eventueller Führungserfahrung. Zum Bereich Persönlichkeit können Hobbys, Interessen, soziales Engagement und Familie zählen. Sie werden dabei entweder konkret nach Einzelpunkten gefragt oder pauschal nach Ihrem ganzen Lebenslauf.

Fragen nach Ihrem Lebenslauf

„Erzählen Sie doch einmal Ihren bisherigen beruflichen Werdegang."

So oder ähnlich könnte eine Frage lauten, die Ihnen zu Beginn Ihres Vorstellungsgesprächs gestellt wird.

Was Sie nicht tun sollten: Sie sollten nicht sagen, dass Sie schließlich bereits Ihren Bewerbungsunterlagen einen Lebenslauf beigelegt hätten. Sie sollten diesen auch nicht auswendig gelernt (oder gar abgelesen) herunterleiern, sei es mit dürren Worten oder in aller Ausführlichkeit.

Was Sie hier tun sollten, wird klar, wenn man sich den Hintergrund der Frage vergegenwärtigt. Man will den Eindruck von Ihnen über die Unterlagen hinaus vervollständigen. Man will aus Ihrem Bericht Rückschlüsse auf Ihre fachliche Eignung, Ihren Charakter und Ihr Verhalten ziehen. Umgekehrt wollen Sie für sich Werbung machen, Interesse wecken, sich in bestem Licht präsentieren.

Beim Lebenslauf ist ein kommentierter Bericht gefragt

Angebracht ist hier also ein Bericht mit Kommentar. Ihre Interviewer sind vor allem an Informationen zur Schlüssigkeit Ihres Werdegangs und Begründungen zu den einzelnen Entscheidungen, die Sie getroffen haben, interessiert. Sie selbst wollen Ihre besondere Qualifikation für die fragliche Stelle demonstrieren und suchen sich zwei oder drei Stationen aus, über die Sie dann mehr berichten. Fazit: Es geht um einen gefällig vorgetragenen, an ausgewählten Stellen kommentierten Bericht über Ihren Lebensweg. Üben Sie das. Sie müssen hier sowohl die Daten im Kopf haben als auch eine sympathische Darstellungsform finden. Am besten haben Sie nach Bedarf eine Kurz- und eine Langversion parat.

Darüber hinaus kann es Ihnen auch passieren, dass Ihre Gesprächspartner an bestimmten Stellen einhaken und von sich aus konkreter fragen, z.B. zu den folgenden Punkten.

Fragen nach Ihrer Ausbildung

„Und dann haben Sie also eine Ausbildung zum Bankkaufmann gemacht?“

„Wieso haben Sie dann die Universität gewechselt?“

„Was waren Ihre stärksten Fächer?“

„Was war das Thema Ihrer Diplomarbeit?“

Diese Fragen können sich auf Schule, Hochschule, Berufsausbildung, Praktika etc. oder auch auf Weiterbildung, berufliche Zusatzqualifikation beziehen.

Wählen Sie gezielt Informationen aus

Ihrer Interviewpartnerin oder Ihrem Interviewpartner geht es um Ihre fachliche Qualifikation. Sie oder er hat Unklarheiten oder Zweifel oder möchte mehr wissen. Sie Ihrerseits möchten Ihre Vorzüge anpreisen.

Auf diese Frage sollten Sie nicht einige beliebige Aussagen machen, die Ihnen gerade in den Sinn kommen. Sie sollten Ihre Informationen vielmehr gezielt auswählen.

Sie sollten zu der fraglichen Station kurz Stellung beziehen und dabei einerseits herausarbeiten, dass Ihre damalige Entscheidung im Hinblick auf die jetzt zu vergebende Stelle logisch schlüssig ist und wie Ihre Entscheidung motiviert war. Zum anderen sollte bei der Schilderung herauskommen, welchen Nutzen Ihr künftiger Arbeitgeber von dieser Ausbildung hat. Dafür sollten Sie kurz einige wichtige inhaltliche Punkte zusammenfassen, die Sie gelernt haben, und ihren Nutzen für die künftige Arbeit betonen. Auch dies wird vermutlich weit besser klappen, wenn man es vorher geübt hat.

Zusatzqualifikationen heben Sie aus der Masse der Bewerber heraus

Als Zusatzqualifikationen kommen übrigens meist Sprach- und Computerkenntnisse gut an. Wenn Sie z.B. behaupten, Sie sprechen fließend Englisch, sollten Sie aber auch darauf gefasst sein, dass Ihr Gesprächspartner ein paar Sätze auf Englisch mit Ihnen wechselt. Fächer, Praktika, Diplomarbeiten, die Sie erwähnen, sollten einen Bezug zur in Frage stehenden Stelle aufweisen.

Fragen nach Ihrer beruflichen Erfahrung

„Erzählen Sie doch einmal, was Sie auf Ihrer letzten Stelle gemacht haben.“

„Wo sehen Sie den Schwerpunkt Ihrer künftigen Tätigkeit?“

„Wie würden Sie das folgende Problem lösen?“

„Was würden Sie in der folgenden Situation machen?“
„Wo liegen Ihre beruflichen Stärken und Schwächen?“

Von großem Interesse: die letzte Position

Die Fragen nach Ihren beruflichen Erfahrungen aus bisherigen Stellen können sich auf fachliche Leistungen und Fachkenntnisse, besondere Kenntnisse und Fähigkeiten oder auch Führungserfahrung beziehen. Besonders interessant dürfte in der Regel Ihre letzte Position sein.
Häufig werden diese Art Fragen von Vertretern der Fachabteilung gestellt. Ihr Ziel ist es hier, Ihre fachliche Eignung unter Beweis zu stellen, sich möglichst gegenüber Konkurrenten durch zusätzliche Leistungsangebote abzuheben.
Nicht gefragt ist ein lückenloser Bericht über Ihren täglichen Arbeitsablauf oder unverbindliches Geplauder über Begebenheiten am Arbeitsplatz.
Sie orientieren sich vielmehr an den Anforderungen des Betriebs, bei dem Sie sich vorstellen. Sie kennen diese aus Ihrer Vorbereitung, aus der Stellenanzeige, aus dem bisherigen Gespräch. Zu einem gewissen Teil sind Sie auf Vermutungen angewiesen, welche Anforderungen Ihr Gegenüber stellt. Sie wählen ein oder zwei Tätigkeiten aus, die Sie möglichst konkret schildern. Diese Tätigkeiten sollten starken Bezug zu Ihrer angestrebten künftigen Arbeitsstelle haben. Als Anfänger müssen Sie den Begriff berufliche Erfahrungen dabei zwangsläufig im weitesten Sinne verstehen. Bei der Schilderung beruflicher Entscheidungen ist wieder auf Schlüssigkeit und nachvollziehbare Begründungen im Hinblick auf die angestrebte Position zu achten. Auch diesen Punkt sollten Sie vorher üben.

Schlüssigkeit

„Was haben Sie eigentlich zwischen Ende Ihrer Schulzeit und Studienbeginn gemacht?“
„Und dann haben Sie nochmals eine ganz neue Ausbildung angefangen?“

Es wurde schon darauf hingewiesen, dass für einen Stellenanbieter die Schlüssigkeit Ihres beruflichen Werdegangs ein wichtiges Orientierungsmittel bei der Überlegung ist, ob Sie für die angebotene Stelle voraussichtlich geeignet sind. Aus Ihrem Verhalten in der Vergangenheit wird auf Ihr zukünftiges Verhalten geschlossen. Daher ist es für Sie bei Ihren Antworten auf alle Fragen nach Ihrem Lebenslauf wichtig, diese Schlüssigkeit zum Ausdruck zu bringen. Dabei spielt es, wie gesagt, keine Rolle, wenn Sie einige Umstände unter den Tisch fallen lassen. Wichtig ist im Moment nur die Nachvollziehbarkeit Ihrer Darstellung für Dritte. Manchmal wird diese Frage nach der Schlüssigkeit auch sehr direkt gestellt. Insbesondere interessieren hier Lücken im Lebenslauf, berufliche Umwege oder Neuorientierungen.

Da hakt jeder Arbeitgeber nach: Lücken im Lebenslauf, berufliche Umwege und Neuorientierungen

Bei solchen Fragen ist erhöhte Aufmerksamkeit angebracht. Keineswegs sollten Sie sie leichthin beantworten. Allzu schnell entsteht der Eindruck, Sie wären unstet, hätten Ihre Richtung noch nicht gefunden, seien sich Ihrer Entscheidungen noch nicht so sicher. Dies wird von Ihnen dann auch auf der neuen Stelle befürchtet, und Sie sind aus dem Rennen.

Üben Sie also, Ihrem Lebenslauf eine logisch schlüssige Entwicklung unterzulegen, einen roten Faden. Besondere Aufmerksamkeit erfordern hier zeitliche Lücken. Wenn sie im Gespräch zum Thema werden, sind mehrere Vorgehensweisen denkbar:

Sie könnten erklären, dass Sie die Lücken nutzbringend gefüllt haben. Dazu könnten Sie z.B. Auslandsaufenthalte zur Verbesserung Ihrer Fremdsprachkenntnisse, Fortbildungskurse, Ferienjobs, Praktika oder auch die unentgeltliche Mithilfe im Familienbetrieb, die ehrenamtliche Tätigkeit in Hilfsorganisationen oder Vereinen etc. anführen.

Ein anderer Weg ist, offen zur Unterbrechung zu stehen. Eine offensive Strategie statt eines entschuldigenden Vorgehens empfiehlt sich z.B. bei Erziehungsurlaub; dazu später mehr.

Aber angesichts der massenhaften Verbreitung der Arbeitslosigkeit kann auch ein offenes Bekenntnis zu Zeiten der Nichtbeschäftigung akzeptabel sein.

Arbeitslosigkeit ist keine Schande

Ein dritter Weg ist das Erklären. So kann versucht werden, Gefängnisaufenthalte oder Entziehungskuren mit dem Hinweis auf die gelungene Wiedereingliederung anzusprechen. Für berufliche Umentscheidungen sollten ebenfalls sehr triftige Erklärungen angeführt werden; Fehlentscheidungen können durchaus verziehen werden, insbesondere wenn sie in jugendlichem Alter erfolgt sind und die Entwicklung im Anschluss zielstrebig ist. Es soll nicht bestritten werden, dass eine plausible Erklärungsstrategie in allen diesen Fällen eine Meisterleistung ist, die sehr gut überlegt sein will.

Nur ein Weg darf nicht beschritten werden: Regelrechtes Lügen. Selbst wenn Sie damit durchkommen sollten und die Stelle tatsächlich erhalten, wird die Sache spätestens beim Abgleich mit Ihren Papieren zum Vorschein kommen, und dann sind Folgen von fristloser Entlassung bis zu Schadenersatzpflicht fällig. Bereits der Verdacht kann zu Ihrem Ausschluss aus dem Bewerbungsverfahren führen.

Lügen haben meist unangenehme Folgen

Motivation

„Wieso, meinen Sie, sollten wir ausgerechnet Sie einstellen?“

„Was hat Sie überhaupt dazu veranlasst, sich gerade bei uns zu bewerben?“

„Was wissen Sie denn schon über unsere Produkte?“

„Wären Sie auch an einer anderen Tätigkeit bei uns interessiert?“

„Haben Sie sich auch anderswo beworben?“

„Wieso möchten Sie bei Ihrer alten Stelle aufhören?“

„Wieso haben Sie mit Ihren Noten eigentlich nicht Medizin studiert?“

„Wo möchten Sie in fünf Jahren stehen?“

Nicht nur nach der logischen Schlüssigkeit der Entscheidungen auf Ihrem Berufsweg kann Ihre Interviewerin oder Ihr Interviewer ganz direkt statt implizit fragen, sondern auch nach der Motivation, der Begründung sowohl vergangener Entscheidungen als auch der jetzt anstehenden Bewerbung. Aber auch wenn nicht konkret nach Begründungen gefragt wird, steht bei Ihrem Gesprächspartner die Suche nach Gründen und Motiven bei der Schilderung von Abschnitten Ihres Lebenslaufs immer ganz im Vordergrund.

Auch hier möchte sich Ihr Gesprächspartner wieder von Ihrer fachlichen und persönlichen Eignung für die Stelle überzeugen, die sein Betrieb zu vergeben hat. Sie oder er erwartet, dass Sie Ihre Entscheidungen wohlfundiert treffen. Die neue Stelleninhaberin oder der neue Stelleninhaber soll zu hundert Prozent hinter seiner neuen Stelle stehen und sie entsprechend ausfüllen. Falls Ihr Gesprächspartner aufgrund Ihrer schriftlichen Unterlagen Zweifel oder Unklarheiten hat, haben Sie jetzt die Chance, diese auszuräumen.

Provokative Fragen sollen Sie aus der Reserve locken

Diese Fragen, die oft von den Personalfachleuten gestellt werden, sind vielfach etwas provokativ formuliert, um Sie aus der Reserve zu locken. Reagieren Sie aber weder ratlos noch schnippisch, sondern geben Sie wie gewohnt sachlich eine begründete Antwort.

In der Begründung für Ihre Entscheidungen sollten Sie Bezug auf Ihre Eigenschaften, Ihre Fähigkeiten, Ihre Kenntnisse und Ihre Erfahrungen nehmen und erläutern, wie Sie diese jeweils zum Einsatz bringen konnten oder können werden. Auch hier brauchen Sie keine vollständige Analyse Ihrer Entscheidungen abzugeben. Im Leben wird niemals alles genau in ein solches Schema passen, es werden immer Kompromisse geschlossen. Nur müssen Sie ja nicht unbedingt ausgerechnet darauf hinweisen, dass irgendetwas nur die zweitbeste Wahl oder eine Notlösung war. Ihre Begründung braucht nur logisch nachvollziehbar zu sein und dabei einen Bezug zur angestrebten Stelle erkennen zu lassen. Auch das wird meist nicht auf Anhieb gelingen und sollte im Vorfeld geübt werden.

Plausibles Wechselmotiv: der Wunsch nach mehr Verantwortung

Der Reiz einer Veränderung, der Wunsch, vorwärts zu kommen, die Suche nach größerer Verantwortung dürften meist überzeugende Argumente sein. Wichtig ist stets der Hinweis, dass Sie vor allem gute Arbeit leisten wollen.

Sagen Sie zur Begründung niemals etwas Schlechtes über einen ehemaligen Vorgesetzten oder Kollegen, und führen Sie auch keine negativen Gründe wie Misserfolg, Ärger oder schlechte Bezahlung an. Damit machen Sie einen unvorteilhaften Eindruck. Auch bei Äußerungen wie Sie hätten nicht miteinander gekonnt, gegen Sie sei intrigiert worden, man habe Sie nie verstanden, Ihre Vorschläge seien immer abgelehnt worden etc. wird Ihr Gesprächspartner hellhörig werden. Sie oder er wird denken: Sie selbst waren wohl das Problem, und wie wird sie oder er später über uns reden?

Die Frage, ob Sie sich auch anderswo beworben haben, ist etwas knifflig. Angesichts der engen Arbeitsmarktsituation wird man Ihnen die Antwort, Sie hätten sich nur bei diesem Betrieb beworben, sicher nicht abnehmen, wohl gar als Dummheit auslegen. Ihre Antwort sollte jedoch zu erkennen geben, dass Ihre Bewerbungen etwa auf einer Linie liegen. Sie sollten also nicht sagen, dass Sie sich sowohl für eine Stelle als Bäcker als auch als Bankkaufmann beworben haben, eine Bewerbung bei den Konkurrenzfirmen dagegen dürfte gemeinhin akzeptiert werden. Sie brauchen hier auch nicht ins Detail zu gehen. Stellen Sie möglichst Ihr besonderes Interesse an gerade dieser Stelle heraus.

Persönliche Fragen

„Was machen Sie, wenn Sie nicht im Dienst sind?“

„Sie haben geschrieben, Sie sind in Ihrer Freizeit Trainer in einem Tischtennisverein?“

„Ist Ihre Frau/Ist Ihr Mann auch berufstätig?"
„Sie haben zwei Kinder im Grundschulalter. Wie bringen Sie Familie und Beruf unter einen Hut?"
„Wo liegen Ihre Stärken und Schwächen?"
„Arbeiten Sie lieber allein oder im Team?"
„Erzählen Sie etwas über sich!"

Meist werden Ihre Gesprächspartner versuchen, sich von Ihren Qualitäten ein Bild aus Ihrem gesamten Verhalten, Ihrem Auftreten im Vorstellungsgespräch zu machen. Oft werden Ihnen im Vorstellungsgespräch aber auch Fragen aus Ihrem persönlichen Bereich, zu Ihrer Freizeitgestaltung gestellt, z.B. nach Ihren Hobbys und Interessen oder Ihrer Familie, sowie nach Ihren persönlichen Eigenschaften.

Werden solche Fragen gestellt, möchten Ihre Gesprächspartner das Bild abrunden, das Sie von Ihrer persönlichen Eignung für die angebotene Stelle haben. Sie können die Gelegenheit nutzen, sich als sympathischer Zeitgenosse darzustellen.

Geraten Sie nicht zu sehr ins Plaudern

Sie sollten aber keinesfalls weitschweifig ins Plaudern kommen, sondern sich auf knappe Angaben beschränken.

Sie möchten einerseits nicht als der bloße Fachidiot gelten, der neben seiner Arbeit gar keine anderen Interessen hat. Bei solchen Leuten dürften Zweifel an der Teamfähigkeit aufkommen. Andererseits sollten Sie auch nicht durch die Aufzählung zahlloser zeitintensiver Hobbys den Eindruck erwecken, dass Ihnen im Grunde genommen die Arbeit gar nicht so wichtig ist. Grundsätzlich sind auch bei den privaten Interessen vor allem Aktivitäten gefragt, die einen, wenn auch losen, Bezug zur Stelle haben. Bei einer Redakteurin schadet es z.B. sicher nicht, wenn sie gerne moderne Literatur liest. Positiv bewertet werden meist Aktivitäten, die der Gesundheit oder dem künftigen Beruf förderlich sind, z.B. sportliche, handwerkliche und musische Hobbys. Auch soziale Aktivitäten in der Freizeit werden oft positiv eingeschätzt. Nicht so interessant sind dagegen beispielsweise Kino- oder Diskobesuche oder ausgesprochen unfallträchtige Hobbys. Niemand kann Sie zwingen, Hobbys, die nicht ins Schema passen, zu erzählen. Bleiben Sie aber bei der Angabe von Hobbys bei der Wahrheit. Vielleicht ist Ihr Gegenüber, genau wie Sie auch von sich behaupten, passionierter Schachspieler und möchte sich mit Ihnen gern darüber unterhalten. Oder er will über die Bücher sprechen, die Sie gerade lesen.

Prahlerei mit Hobbys: oft ein Eigentor

Teamarbeit ist übrigens nicht über alles zu stellen; in anderen Bereichen ist selbständiges Arbeiten genauso wichtig.

Wenn Fragen nach der Familie kommen, sollten Sie klarmachen, dass Ihr Partner Sie in allen beruflichen Zielen unterstützt. Es geht z.B. um die Frage, ob einem eventuellen Umzug persönliche Hindernisse im Wege stehen. Oder darum, ob Sie wegen einer Doppelbelastung Beruf/Familie möglicherweise nicht Ihre ganze Kraft dem Betrieb zur Verfügung stellen. Details stehen hier nicht zur Debatte.

Bei Fragen nach der Familie sollten Sie klarstellen, dass Ihr Partner und Sie an einem Strang ziehen

Seien Sie bei der Frage nach Schwächen nicht allzu ehrlich. Irgendetwas müssen Sie hier sagen, aber wählen Sie am besten eine „Schwäche“, die ein Arbeitgeber eher als Stärke ansehen würde; z.B. wären Sie ungeduldig, Sie wollten immer gleich Resultate sehen. Sie können eine solche starke Schwäche einfach übertreiben und dann erklären, hier müssten Sie noch an sich arbeiten. Oder geben Sie eine Schwäche zu, die für die angestrebte Stelle relativ unwichtig ist: Als Pressereferent werden Sie kaum Ihre Hemmung, vor vielen Menschen zu reden, zugeben, wohl aber als Buchhalter.

Auch für den Fall, dass Sie nach Ihren Hobbys und persönlichen Interessen, Ihren Stärken und Schwächen gefragt werden, sollten Sie sich also vorher ein wenig überlegen, was Sie antworten wollen.

Die Gehaltsfrage

In den letzten beiden Abschnitten wurde einerseits die Selbstdarstellung des Betriebs besprochen, andererseits die Vorstellung Ihres Lebenslaufs. Sie haben etwas über den Betrieb erfahren, der Betrieb etwas über Sie. Beim Thema Gehalt geht es nun nicht mehr um Information, sondern um eine Verhandlung.

Denn wenn beide Seiten sich grundsätzlich eine Zusammenarbeit vorstellen könnten, ist noch der Preis offen, zu dem eine Einigung möglich wäre. Hier wird auch schon der Grund sichtbar, warum das Gespräch erst gegen Ende auf das Thema Gehalt und sonstige Vertragskonditionen kommt. Vor der Verhandlung über die Konditionen muss erst die gegenseitige Information abgeschlossen sein: Ist diese Stelle in diesem Betrieb für Sie das Richtige, und sind Sie die oder der Richtige für den Betrieb, um die offene Stelle zu besetzen? Wenn diese Abschätzung im bisherigen Gesprächsverlauf zumindest von Seiten des Betriebs negativ ausgefallen ist, kann es daher auch sein, dass das Gehalt gar nicht mehr zum Thema wird.

Wer spricht wann das Thema an?

Grundsätzlich schneidet der Betrieb die Gehaltsfrage an

Allgemeine Gepflogenheit ist es, dass das Thema Gehalt von seiten des Betriebs zur Sprache gebracht wird. Fragen Sie also im Gespräch nicht von sich aus nach dem Verdienst. Ihre Gesprächspartnerin oder Ihr Gesprächspartner wird selbst entscheiden wollen, wann es zum Thema wird – und ob überhaupt.

Es kann mehrere Gründe dafür geben, dass nicht über das Gehalt gesprochen wird. Zum einen kann natürlich während des Gesprächs der Eindruck entstanden sein, dass Sie für die Stelle nicht geeignet sind. In diesem Fall bringt eine Nachfrage Ihrerseits gar nichts, höchstens wird die Situation für beide Seiten ein wenig peinlich.

Die Vertragskonditionen sind oft Thema eines zweiten Gesprächs

Oft ist aber für den engeren Kreis der Kandidaten noch ein zweiter Gesprächstermin vorgesehen. Dann werden voraussichtlich noch ein oder zwei Mitbewerber übrig geblieben sein, die alle für die Stelle prinzipiell geeignet sind, und die Vertragskonditionen werden zentrales Thema des zweiten Gesprächs werden. Wenn das Verfahren eine solche zweite Gesprächsrunde vorsieht, werden Sie es im Allgemeinen im Laufe des Gesprächs erfahren und auf eine Frage nach dem Gehalt nur die Auskunft bekommen, dass dies gegebenenfalls im zweiten Gespräch zum Thema wird. Wahrscheinlich wird im ersten Gespräch aber bereits ein gewisser Gehaltsrahmen abgesteckt, um zu sehen, ob eine Einigung überhaupt möglich ist.
Wenn Ihre Gesprächspartner allerdings gegen Ende des Vorstellungsgesprächs über die Vertragsgestaltung mit Ihnen sprechen wollen, dürfen Sie das bereits als ein kleines positives Signal werten. Sie sind auf jeden Fall noch im Rennen. Ansprechpartner für diese Fragen ist im Zweifel übrigens die Personalabteilung.

Vertragskonditionen allgemein

Natürlich interessiert Sie in Ihrem künftigen Arbeitsvertrag nicht nur das Gehalt, weitere wichtige Punkte sind z.B. die Arbeitszeitregelung, die Frage der Probezeit, der Beginn Ihrer Tätigkeit, Kündigungsfrist, Urlaub usw. Nach solchen Konditionen können Sie im Gegensatz zum Gehalt auch ohne weiteres selbst fragen.
Zu den wichtigsten Vertragskonditionen gehört die Frage, wann Ihre Tätigkeit gegebenenfalls beginnt. Dies kann zum Problem werden, wenn Sie derzeit noch eine Beschäftigung haben. Einzelheiten hierzu finden Sie weiter unten im Abschnitt „Kündigung". Wenn beide Seiten stark aneinander interessiert sind, sollte eine Einigung immer irgendwie gelingen.

Nur die wichtigsten Vertragskonditionen werden geklärt

Grundsätzlich werden jedoch nur die wesentlichen Fragen der Vertragsgestaltung im Vorstellungsgespräch zur Rede kommen. Details werden im Allgemeinen in Ruhe besprochen oder schriftlich geregelt, nachdem es zu einer Einigung gekommen ist. Im Gespräch selbst wird der Vertrag noch nicht aufgesetzt. Richtschnur für Sie bei der Überlegung, ob Sie bestimmte Vertragskonditionen ansprechen sollen, ist die Frage: Ist dieser Vertragsbestandteil für meine Entscheidung für oder gegen die Stelle wichtig? Dazu dürfte z.B. nicht die Frage gehören, wie die Frühstückspause geregelt ist.

Verhandlungsstrategie

Wenn nun Ihr Vorstellungsgespräch konkret auf das Thema Gehalt kommt, gibt es grundsätzlich zwei Möglichkeiten:

1. Ihr Gesprächspartner macht Ihnen ein Angebot.
2. Sie werden gebeten, Ihre Gehaltsvorstellung zu nennen.

Bleiben Sie bei Gegenforderungen realistisch

Die erste Variante ist sicher die angenehmere. Sie nimmt Ihnen die Befürchtung, sich unter Wert zu verkaufen. Wenn Ihnen ein Gehaltsangebot gemacht wird, werden Sie oft noch ein wenig verhandeln können. Ihr Gegenüber dürfte allerdings meist keinen sehr großen Verhandlungsspielraum haben, wenn Sie oder er mit einer Gehaltsvorgabe des Betriebs ins Gespräch gegangen ist. Bei Anfängerpositionen wie Ausbildungsplätzen oder Traineestellen und bei tarifvertraglich geregelten Arbeiten ist das Angebot mitunter auch ganz unflexibel. Bleiben Sie bei Gegenforderungen realistisch.
Schwieriger wird es, wenn Sie, und das ist öfter der Fall, um Ihre Gehaltsvorstellung gebeten werden. Versuchen Sie zunächst, Ihr Gegenüber doch zur Abgabe eines Angebots zu bewegen. Z.B. könnten Sie durch den Hinweis, dass Sie natürlich auf das bestehende Gehaltsgefüge Rücksicht nehmen wollen und sich entsprechend einzuordnen bereit sind, Verhandlungsbereitschaft signalisieren.

Wenn es Ihnen aber gar nicht gelingt, Ihren Gesprächspartner zu einem Hinweis zu bewegen, sind Sie am Zuge. Am besten nennen Sie jetzt nicht eine feste Zahl – damit würden Sie den Verhandlungsspielraum zu stark einschränken –, sondern Sie geben den Gehaltsrahmen an, den Sie sich vorher überlegt haben. Professioneller wirkt es übrigens, wenn Sie ein Jahresgehalt und nicht einen Monatsbetrag nennen. Anschließend muss sich dann Ihr Gegenüber äußern. Hoffentlich haben Sie nun einen realistischen Rahmen genannt. Liegen Sie viel zu hoch, wird Ihr Gesprächspartner entweder versuchen, Sie auf den Boden der Tatsachen zu führen oder eine Einigung als aussichtslos ansehen und das Gespräch abbrechen. Liegen Sie zu niedrig, kann es Ihnen passieren, dass Ihr künftiges Gehalt unter dem Ihrer Kollegen liegen wird oder dass Sie aus dem Rennen sind, weil Ihr Gesprächspartner Sie für unzureichend informiert und interessiert hält, oder aber, wenn Sie sehr viel Glück haben, dass Ihnen ein besseres Gegenangebot gemacht wird. Lagen Sie mit Ihrem Rahmen richtig, wird eine Einigung problemlos sein.

Geben Sie einen Gehaltsrahmen und keine feste Zahl an

Eventuell werden Sie auch nach Ihrem letzten Gehalt gefragt. Hier empfiehlt sich grundsätzlich, bei der Wahrheit zu bleiben. Unwahre Behauptungen können, wenn Sie nicht zum Jahreswechsel beim neuen Arbeitgeber beginnen, später leicht anhand Ihrer Steuerkarte herauskommen und dann üble Konsequenzen haben. Sie können bis zu fristloser Entlassung wegen falscher Angaben gehen.

Achten Sie übrigens bei der Gehaltsverhandlung nicht nur auf das genannte Grundgehalt. Es ist immer das gesamte Angebotspaket zu berücksichtigen. Ein scheinbar niedriges Gehalt kann durch etliche Zusatzleistungen kompensiert werden: Mitarbeiterrabatte, gute Sozialleistungen, betriebliche Altersversorgung, Firmenwagen etc., aber auch Zulagen, Provisionen u. ä. Außerdem kann ein niedrigeres Anfangsgehalt vielleicht hingenommen werden, wenn – möglichst konkret zugesagte – Steigerungsmöglichkeiten in der näheren Zukunft bestehen, z.B. nach der Probezeit oder nach Ablauf des ersten Jahres. Dasselbe gilt, wenn Sie aus einer beruflichen Sackgasse oder einer schrumpfenden Branche herauskommen können.

Informationsquellen

Sie wissen doch aber als Neuling gar nicht genau, welche Forderung Sie stellen können? Nun, es gibt einige Informationsquellen über die Marktpreise in der Branche:

- Mitunter gibt die Stellenanzeige einen Hinweis.
- Zeitungen und Fachzeitschriften können weiterhelfen; von Zeit zu Zeit werden sogar mehr oder weniger detaillierte Gehaltsübersichten veröffentlicht.
- Berufskundliche Broschüren halten das Arbeitsamt, der Buchhandel oder Bibliotheken bereit.
- Industrie- und Handelskammern, Handwerkskammern und sonstige Berufsverbände, aber auch Gewerkschaften können Auskunft geben.
- Vielleicht haben berufstätige Freunde und Bekannte genauere Vorstellungen.

Einen Anhaltspunkt kann Ihnen natürlich auch Ihr vorheriges Gehalt liefern. Es ist allgemein akzeptiert, dass man mit einer Veränderung in der Regel auch eine bessere Bezahlung sucht. Es ist sogar bekannt, dass Unzufriedenheit mit dem Lohn zu den wichtigsten Gründen gehört, einen Arbeitgeber zu verlassen und eine neue Stelle anzutreten (wenn auch keiner, den man anführen sollte). Ein Zuschlag von 10 bis 15 Prozent auf Ihr letztes Gehalt ist ein vernünftiger Rahmen. Bei schlechter Konjunktur, dem Wechsel aus einer Krisenbranche, gekündigter Stellung, Arbeitslosigkeit etc. kann es dagegen ratsam sein, Abschläge hinzunehmen.

Eine Gehaltsverbesserung von 10 bis 15 Prozent ist realistisch

„Haben Sie noch eine Frage?"

Das Vorstellungsgespräch ist im Wesentlichen vorbei. Der Betrieb hat Sie über die Stelle informiert, anhand Ihres Lebenslaufs hat er Ihre fachliche und persönliche Eignung überprüft, die Gehaltsverhandlungen sind abgeschlossen. An dieser Stelle, wo alles gesagt ist, kommt mit Sicherheit die Frage an Sie: „Ja, haben Sie jetzt noch irgendwelche Fragen?" Es ist fast wie ein Ritual. Natürlich haben Sie eigentlich keine Fragen mehr, wenn Sie das Gespräch bis hierhin vernünftig geführt haben. Die für Ihre Entscheidung wesentlichen Antworten sollten Sie an dieser Stelle schon beisammenhaben. Wie sollten Sie also jetzt auf diese Frage reagieren?

Wirklich wichtige Fragen sollten jetzt geklärt sein

Ganz schlecht wäre es, einfach Nein zu sagen. Das klingt, als hätten Sie kein Interesse, und ein kurzes Nein gibt dem Gespräch einen leicht unharmonischen Abschluss.

Wenn auf Ihrem Fragenkatalog tatsächlich noch Punkte offen geblieben sind – vielleicht hat Ihr Gegenüber ohne Punkt und Komma geredet, und Sie hatten kaum die Chance, einmal dazwischenzukommen –, können Sie die Gelegenheit jetzt natürlich nutzen. Beschränken Sie sich aber auf die für Sie wirklich wesentlichen Informationen. Das minutiöse Abhaken Ihrer Liste könnte die Geduld Ihres Gegenübers so kurz vor dem Abschluss des Gesprächs überstrapazieren.

Wenn Sie eigentlich keine wesentliche Frage mehr haben, können Sie vielleicht durch Ihre Liste oder aus dem Kopf noch auf ein, zwei intelligente Zusatzfragen kommen. Sie könnten hier beginnen: „Ich hätte natürlich noch einige Fragen, die aber zu sehr ins Detail führen würden. Vielleicht noch zwei Einzelfragen: …"

Oder Sie sagen einfach Nein, sie hätten keine Frage mehr, im Augenblick schienen Ihnen alle wesentlichen Punkte geklärt, und betonen noch einmal, dass Ihnen die Stelle sehr interessant erscheint.

Wie geht's jetzt weiter?

Am Ende des Gesprächs steht die Frage, wie man jetzt verbleiben soll. Versäumen Sie im eigenen Interesse nicht, diese Frage zu klären! Für Sie ist zum einen wichtig, wann die Entscheidung des Betriebs fällt. Zum anderen kann vorgesehen sein, mit einer engsten Auswahl von zwei bis drei Kandidaten noch eine zweite Gesprächsrunde zu führen.

Selten entscheidet sich der Arbeitgeber direkt nach dem Gespräch

Am Ende eines Vorstellungsgesprächs wird noch nicht die Entscheidung über die Stellenbesetzung stehen (Ausnahmen bestätigen die Regel). Vielmehr werden beide Seiten sich für diese Entscheidung etwas Zeit lassen wollen, sie mit anderen besprechen, vor allem aber auch Alternativen prüfen.

So wird der Betrieb vermutlich noch weitere Gespräche mit anderen Kandidaten führen und sich erst entscheiden, nachdem er alle Bewerber begutachtet hat.

Aber auch Sie selber haben womöglich noch mehrere Eisen im Feuer. Vielleicht hatten Sie bereits ein Gespräch, vielleicht steht noch eines bevor. Es kann auch gut sein, dass Sie danach gefragt werden. Geraten Sie nicht in Verlegenheit. Geben Sie ehrlich Auskunft. Ihre Chancen können Sie damit nicht verschlechtern, eher sogar verbessern. Der Betrieb sieht nun, dass er sich gegebenenfalls um Sie bemühen muss. Und wer alles auf eine Karte gesetzt hat, wird vielleicht sogar für dumm gehalten. Geben Sie aber nicht zu viele weitere in Aussicht genommene Stellen an, damit man nicht denkt, dass Sie sich wahllos nach dem Gießkannenprinzip bewerben. Mit dem Hinweis auf einige weitere Bewerbungen machen Sie dagegen den Eindruck, bewusst zu planen. Lassen Sie sich aber auch nicht dazu verleiten, mit ihren anderen Einladungen zu prahlen oder sogar zu versuchen, Ihr Gegenüber unter Druck zu setzen. Damit würden Sie scheitern.

Setzen Sie den Arbeitgeber nicht unter Druck

Wenn Sie allerdings durch ein Konkurrenzangebot tatsächlich unter terminlichem Entscheidungsdruck stehen, sollten Sie auf jeden Fall in sachlicher Form darauf aufmerksam machen. Machen Sie klar, dass Sie großes Interesse an der Stelle haben, jedoch noch ein weiteres Angebot vorliegen hätten, über das Sie sich bis zu einem bestimmten Zeitpunkt entscheiden müssten. Besteht Interesse an Ihnen, wird der Betrieb seinen Entscheidungsprozess so weit beschleunigen, dass Sie nicht in Schwierigkeiten kommen.

Fragen Sie ruhig, wann mit einer Entscheidung zu rechnen ist

Nach dem Gespräch wird entweder vereinbart, dass der Betrieb Ihnen über seine Entscheidung Nachricht gibt oder dass Sie sich telefonisch erkundigen. Versuchen Sie in beiden Fällen, einen Termin auszumachen. Drängeln Sie allerdings nicht.

Wenn der Betrieb Sie informiert, wird er Ihnen in den nächsten Tagen schriftlich oder telefonisch Bescheid geben. Nach Abschluss aller Bewerbungsgespräche sollte eine solche Auskunft binnen einer Woche erfolgen.

In beiden Fällen bleibt es Ihnen natürlich unbenommen, sich selber vor Ablauf der Frist gegen die Stelle zu entscheiden und das Unternehmen beziehungsweise die Behörde darüber in Kenntnis zu setzen.

Gesprächsabschluss

Wenn das Vorstellungsgespräch jetzt beendet ist, sollten Sie sich nicht mit einem lauten Aufatmen verabschieden. Damit werden Sie einen ebenso schlechten Eindruck machen wie damit, dass Sie erst jetzt so richtig unbefangen ins Plaudern kommen.

Ein gelungener Abgang mit Händedruck und Blickkontakt ist durchaus wichtig. Allerdings sollte er nicht überschätzt werden. Wesentlich wichtiger ist ein guter erster Eindruck. Ein schlechter erster Eindruck lässt sich auch mit einem noch so guten Abschluss kaum korrigieren.

Heikle Fragen

Bei der obigen Schilderung des typischen Ablaufs eines Vorstellungsgesprächs ist sicher der Eindruck eines sehr harmonischen Verfahrens entstanden. In aller Regel können Sie sich auch darauf verlassen, dass ein Vorstellungsgespräch fair abläuft.

Auch fair geführte Interviews können für Sie unangenehm werden

Allerdings kann so ein Interview auch tatsächlich einmal ganz schön unangenehm werden. Das wird zum einen an der ohnehin angespannten Prüfungssituation liegen; nicht allen Interviewern gelingt es, die Atmosphäre ausreichend zu entkrampfen. Zum anderen sind aber auch manche Fragen selbst dafür verantwortlich:

- So kann es durchaus sein, dass der Ton einmal etwas härter und direkter wird.
- Ins Schwimmen gerät man auch leicht bei Fragen nach Lücken im Lebenslauf.
- Auch die meisten Fragen nach logischen Brüchen oder Umschwüngen in Ihrem Werdegang gehören zu den unangenehmeren.
- Und schließlich gibt es auch tatsächlich geplante Stressinterviews.

Daneben werden aber auch immer wieder – zum Teil unzulässigerweise – Fragen nach heiklen Themen gestellt, zu denen einige Hinweise lohnen. Dies sind vor allem:

- Behinderung
- Gesundheitszustand
- Schwangerschaft
- Familienplanung
- Mitgliedschaft in Partei, Gewerkschaft, Betriebsrat oder Kirche
- Schulden
- Vorstrafen

Vorab der Hinweis: Generell verbotene Fragen gibt es nicht. Die Richtschnur lautet aber: Die Fragen müssen für die angestrebte Stelle relevant sein. Und hier gibt es in der Tat einige Einschränkungen, die bei den jeweiligen Punkten im Einzelnen erläutert werden sollen.

Verbotene Fragen gibt es nicht, wohl aber unzulässige

Wenn Fragen dann doch unzulässigerweise gestellt werden sollten, entsteht ein Dilemma. Grundsätzlich müssen Sie wahrheitsgemäß antworten. Sonst drohen Folgen wie fristlose Kündigung oder Regressansprüche. Wenn Bewerber auf Fragen, die nichts mit der Stelle zu tun haben, jedoch wahrheitsgemäß antworten oder auch die Auskunft verweigern, können Sie sich ungerechtfertigterweise um Ihre Chancen bringen. In diesem Fall sind Notlügen erlaubt. Stets erfordert die Antwort bei heiklen Fragen Fingerspitzengefühl und Diplomatie. Auf jeden Fall ist Aggressivität oder Rechthaberei genauso unangebracht wie eine unüberlegte Äußerung, wenn Sie Ihr Ziel weiter verfolgen wollen. Versuchen Sie stets, sachlich zu erklären. Im Einzelnen mehr dazu unten.

Unfreundlicher Umgangston

Vielleicht ist Ihr Gesprächspartner mit dem falschen Bein aufgestanden. Vielleicht hatte er gegen Ihre Einladung gestimmt, ist unterlegen und muss Sie jetzt trotzdem interviewen. Vielleicht thront Ihr Gegenüber hinter einem gewaltigen Schreibtisch, und Sie versinken tief unter ihm in einem unbequemen Sessel. Ihr Gespräch wird ständig von Telefonanrufen unterbrochen. Der Ton der gestellten Fragen wird unangenehm, hart, schroff, direkt. Vielleicht will Ihr Gesprächspartner Sie auch bewusst provozieren und verspricht sich irgendetwas davon.

Auch wenn der Ton unfreundlich wird: Bleiben Sie ruhig und sachlich

Es bringt nichts, wenn Sie Gleiches mit Gleichem vergelten. Werden Sie also nicht selbst unfreundlich, schnippisch, ausfallend (lassen Sie sich allerdings auch nicht einschüchtern). So verderben Sie die Gesprächsatmosphäre völlig, und schließlich wollen Sie ja etwas von dem Betrieb (der im übrigen meist nicht mit Ihrem Gesprächspartner gleichzusetzen ist – vielleicht haben Sie in Ihrem späteren Berufsleben nie wieder mit ihm zu tun). Sie müssen also versuchen zu retten, was zu retten ist. Dies gelingt am besten folgendermaßen: Verbergen Sie Ihren Ärger über die Person, behalten Sie statt dessen die ganze Zeit Ihr Ziel vor Augen und versuchen Sie jede Frage ruhig und streng sachlich zu beantworten. Denken dürfen Sie sich Ihren Teil, aber lassen Sie es sich nicht anmerken. Wer sich erregt, macht leichter Fehler und verliert schneller. Sachlichkeit ist das beste Rezept – auch wenn's schwerfällt.

Lassen Sie sich Ihre Verärgerung nicht anmerken

Einige Beispiele für die mögliche Reaktion auf indiskrete Fragen gibt Ihnen der folgende Absatz „Stressinterview". Es ist nicht leicht, eine so verfahrene Situation zu retten. Wenn es Ihnen gelingt, dann mit permanenter ruhiger Sachlichkeit. Einen solchen Erfolg dürfen Sie dann ruhig als einen kleinen Triumph feiern.

Stressinterview

Beim eben geschilderten Gesprächsverlauf wird der Vorstellungstermin mehr oder weniger ungewollt zum Stressinterview. Ein solches Stressinterview kann jedoch auch ganz bewusst geplant sein. Es kann z.B. bei angehenden Außendienst-, Vertriebs- und Verkaufsmitarbeitern zum Einsatz kommen. Diese können beim späteren Umgang mit Kunden immer wieder haarsträubenden Zeitgenossen und Situationen ausgesetzt sein. Die Idee des Stressinterviews ist nun, solche Situationen im Gespräch zu simulieren und zu bewerten, wie Sie damit fertig werden; natürlich ohne dass man Sie vorher einweiht – dann macht es ja nur halb so viel Spaß. Oft werden Sie zwei Gesprächspartnern gegenüberstehen, von denen der eine den Fiesling gibt (wenn er es nicht ohnehin von Natur aus ist). Er wird unfaire und aggressive

Fragen stellen. („Sie haben sich doch wahrscheinlich bei uns beworben, weil Ihre alte Firma nicht mit Ihnen zufrieden war?“) Er wird immer wieder Zweifel äußern und Widersprüche anbringen. Er wird Sie unterbrechen. Man kann versuchen, Sie in die Zange zu nehmen, durch langes Schweigen mürbe zu machen, durch ständigen Blick auf die Uhr Zeitdruck vorzutäuschen.

Als Grundprinzip hilft auch hier wieder nur: Ruhe bewahren, sich auf das Ziel konzentrieren, sachlich bleiben. Überhören Sie Aggression, ignorieren Sie unangenehme Bemerkungen. Missverstehen Sie indiskrete Fragen bewusst, deuten Sie sie um, antworten Sie nichtssagend, knapp am Thema vorbei oder knüpfen Sie an eine frühere Frage an. Verweigern Sie notfalls bei allzu impertinenten Fragen höflich die Antwort. Versuchen Sie, durch Rückfragen oder Gegenfragen Bedenkzeit zu gewinnen („Ich verstehe nicht, worauf Sie hinauswollen …“). Bringen Sie Einwände stets mit der Ja-Aber-Methode vor („Ich stimme Ihrem Argument zu, andererseits sollte man vielleicht auch bedenken …“).

Überhören Sie aggressive Bemerkungen

Das Verfahren Stressinterview ist äußerst umstritten und glücklicherweise selten. Normalerweise werden Sie ihm nicht begegnen. Im Idealfall können Sie sich rächen, indem Sie eine daraufhin angebotene Stelle ablehnen.

Lücken im Lebenslauf

Wenn Ihr schriftlich eingereichter Lebenslauf zeitliche Lücken ausweist, können Sie sicher sein, dass Sie mit diesbezüglichen Fragen konfrontiert werden. Darauf können und sollten Sie sich vorbereiten.

Vielleicht wollten Sie auf eine einjährige Weltreise nach dem Studium nicht hinweisen. Vielleicht wollten Sie eine Entziehungskur oder einen Gefängnisaufenthalt verbergen. Vielleicht wollten Sie nicht zugeben, dass Sie arbeitslos waren. Gerade bei Frauen sind solche Lücken oft Kindererziehungszeiten; speziell hierzu mehr in einem späteren Abschnitt. Allzu eklatante Lücken können leicht schon im schriftlichen Vorauswahlverfahren dazu führen, dass Ihre Bewerbung aus dem engeren Kreis herausfällt. Wenn Sie dennoch zum Vorstellungsgespräch eingeladen wurden, müssen Sie spätestens jetzt Stellung beziehen. Keine auch nur einigermaßen erfahrene Personalfachkraft wird sich eine solche Lücke entgehen lassen.

Lücken im Lebenslauf: erklären, nicht vertuschen

Hier hilft nur eine plausible Erklärung. Es muss nicht exakt so gewesen sein. Es geht nur darum, dass Sie plausibel machen können: Der unterschlagene Umstand aus der Vergangenheit wird keine negativen Auswirkungen auf die zukünftige Arbeit haben. Tischen Sie allerdings keine Lügen auf, das kann unangenehme Konsequenzen bis zur fristlosen Entlassung und Schadenersatzpflicht haben.

Arbeiten Sie also heraus, dass aus dem verschwiegenen Umstand kein zukünftiger Schaden erwächst, dass er womöglich sogar Nutzen bringt.

So können Sie auf Ihrer Weltreise Ihre Sprachkenntnisse verbessert haben, und Sie haben dabei selbstverständlich Ihren Horizont erweitert.

Sie könnten erläutern, wie Sie die Lücken nutzbringend gefüllt haben. Dazu können neben Auslandsaufenthalten zur Verbesserung Ihrer Fremdsprachenkenntnisse z.B. auch Fortbildungskurse, Ferienjobs, Praktika oder auch die unentgeltliche Mithilfe im Familienbetrieb, die ehrenamtliche Tätigkeit in Hilfsorganisationen oder Vereinen etc. gehören.

Sie können klar machen, dass Sie sich nach Ihrer Gefängnisstrafe wegen eines Verkehrsdelikts nie wieder etwas haben zuschulden kommen lassen. Versuchen Sie, auf die gelungene Wiedereingliederung nach Gefängnisaufenthalten oder Entziehungskuren hinzuweisen.

Arbeitslosigkeit lässt sich, gerade in Zeiten der Massenarbeitslosigkeit, oft gut erklären, insbesondere bei unverschul-

deter Arbeitslosigkeit z.B. bei Stilllegung des Betriebs. Betonen Sie Ihre in der Zeit der Arbeitslosigkeit gewachsene Entschlossenheit, Ihre Chance nutzen und gute Arbeit leisten zu wollen.
Sie erkennen, dass eine überzeugende Antwort wahrlich nicht leicht ist, umso wichtiger ist eine gute Vorbereitung gerade in diesem Punkt.

Logische Brüche

Vielleicht lässt Ihr Lebenslauf auch den Eindruck entstehen, Ihre berufliche Entwicklung habe, zumindest an bestimmten Stellen, keine Linie gehabt. Sie haben eine Lehre abgebrochen, das Studienfach gewechselt, in einer ganz anderen Branche angefangen. Kaum etwas fürchtet Ihre Personalfachfrau oder Ihr Personalfachmann so sehr wie Unstetigkeit. Wenn Sie in der Vergangenheit so flatterhaft waren, werden Sie es bei Ihrer zukünftigen Arbeit doch bestimmt auch wieder sein? Und dann wären Sie nicht die oder der Richtige. Denn die Arbeit, womöglich bald wieder einen Ersatz für Sie zu suchen, bleibt an der Personalstelle hängen. Und auch Ihr direkter Vorgesetzter wird nicht viel Wert darauf legen, ständig neue Leute einzuarbeiten.

Zielstrebigkeit kommt immer gut an

Hier kommt also unter Umständen eine ganze Menge Erklärungsbedarf auf Sie zu. Überlegen Sie sich, an welcher Stelle Ihr Lebenslauf solche Zweifel aufkommen lassen könnte, und entwerfen Sie vorher eine Strategie, wie Sie sie zerstreuen können.
Sie können sich z.B. falsch entschieden haben bei der Wahl Ihres Ausbildungsberufs, Ihres Studienfachs. Das haben Sie in der Praxis relativ schnell gemerkt. Sie haben sich dann gründlich informiert und sich in die neue Richtung so richtig reingekniet. Solche Fehlentscheidungen werden besonders leicht „verziehen“, wenn Sie in jugendlichem Alter erfolgt sind, wenn Sie noch nicht genug Lebenserfahrung hatten.

Stehen Sie ruhig zu kleineren Fehlern und Schwächen

Erscheint ein Fehler nicht allzu schwerwiegend, können Sie unter Umständen Sympathie erringen, indem Sie dazu stehen. Dies ist vor allem Erfolg versprechend, wenn Fehler schwer vermeidbar erscheinen und Schwächen durch Stärken auf anderen Gebieten ausgeglichen werden. Es dürfen natürlich keine Schwächen auf Gebieten sein, die für Ihren künftigen Einsatzbereich von Bedeutung sind. Ein Buchhalter muss nicht unbedingt gut mit Kunden umgehen können, ein Verkäufer kann sich auf eine solche Schwäche nicht berufen.

Auch mangelnde Zukunftsaussichten einer Branche, fehlende Entwicklungsmöglichkeiten können der Grund für eine berufliche Neuorientierung sein.

Sie können versuchen, einen fehlenden roten Faden nachträglich zu legen. Vielleicht wollten Sie mit einer Ausbildung nur etwas ganz Konkretes lernen, das Sie für Ihren weiteren Weg brauchten. Vielleicht haben Sie immerhin etwas Nützliches gelernt, das Sie auch jetzt einsetzen können. Auch wenn es damals gar nicht so wahr: Oft stellen sich scheinbar zufällige Entwicklungen im Nachhinein als richtig heraus. Wer will Ihnen nachweisen, dass Sie es nicht gleich so geplant haben?

Wichtig ist vor allem, dass Sie eine glaubwürdige Begründung parat haben.

Behinderung

Wie bei all den im Folgenden geschilderten Themen ist auch die Frage nach einer Behinderung oft unzulässig, jedoch nicht immer. Es kommt bei all diesen Fragen darauf an, ob der jeweilige Umstand für die fragliche Arbeit von Bedeutung ist.

Zulässig ist die Frage nach einer Schwerbehinderung. Grund ist, dass der Arbeitgeber bei einer Einstellung bestimmte gesetzlich vorgeschriebene Schutzmaßnahmen zu treffen hat. Auf diese Frage müssen Sie also wahrheitsgemäß antworten. Sie müssen sogar selber darauf hinweisen, wenn Sie bestimmte Tätigkeiten nicht oder nur eingeschränkt ausführen können.

Die Frage nach einer Schwerbehinderung muss wahrheits- gemäß beant- wortet werden

Wenn eine Behinderung jedoch für die diskutierte Aufgabe objektiv keine Rolle spielt, dürfen Sie sie notfalls auch wissentlich verschweigen, ohne dass Ihnen daraus Konsequenzen erwachsen.

Es lohnt sich jedoch unter Umständen auch noch eine andere Überlegung: Gesetzliche Vorschriften verpflichten Arbeitgeber dazu, einen bestimmten Prozentsatz ihrer Arbeitsplätze mit Schwerbehinderten zu besetzen (ansonsten ist eine Ausgleichszahlung des Betriebs vorgesehen). Bei Arbeitgebern, die diese Quote erfüllen wollen, kann eine Behinderung also auch ein Pluspunkt sein. Dies wird z.B. im öffentlichen Dienst zutreffen.

Gesundheitszustand

Die Frage nach dem Gesundheitszustand ist sinngemäß ähnlich zu beantworten wie der nach einer Behinderung.

Die Frage nach chronischen und ansteckenden Krankheiten sowie einer Sucht ist zulässig, sofern der Arbeitsprozess davon negativ berührt werden kann. In diesem Fall ist eine wahrheitsgemäße Antwort erforderlich. Auch hier müssen Sie sogar von sich aus darauf hinweisen, wenn Sie bestimmte Leistungen nicht in vollem Umfang erbringen können.

Der Arbeitgeber hat oft ein berechtigtes Interesse, über Krankheiten informiert zu werden

In allen anderen Fällen sind Notlügen erlaubt.

Oft wird die Frage auch auf einem anderen Weg geklärt: Manchmal ist vor einer Einstellung eine ärztliche Untersuchung vorgesehen.

Die folgenden Beispiele illustrieren, warum ein Arbeitgeber ein berechtigtes Interesse daran haben kann, von eventuellen gesundheitlichen Beeinträchtigungen seiner künftigen Mitarbeiter zu erfahren: Allergien gegen bestimmte Chemikalien sind für einen Friseur oder Automechaniker unter Umständen ein Grund zur Berufsaufgabe. Häufige Kreislaufstörungen dürften die Arbeitsleistung eines Dachdeckers beeinträchtigen. Auch eine bevorstehende Operation oder Kur zum Zeitpunkt Ihres Arbeitsantritts darf den Arbeitgeber interessieren.

Schwangerschaft

„Sind Sie schwanger?“ Immer wieder wird diese Frage gestellt, oft sogar in schriftlichen Personalfragebögen, obwohl Sie fast immer rechtswidrig ist.

Niemand darf wegen seines Geschlechts benachteiligt werden. Dies gilt auch für das Arbeitsleben. Deswegen darf ein Arbeitgeber eine Einstellung grundsätzlich nicht von einer möglichen Schwangerschaft abhängig machen. Die Frage ist unzulässig, weil damit weibliche gegenüber männlichen Bewerbern benachteiligt werden.

Es gibt jedoch einige ganz konkrete Ausnahmen. In folgenden Fällen darf nach einer Schwangerschaft gefragt werden:

In einigen Fällen darf auch nach einer Schwangerschaft gefragt werden

- Um die Stelle bewerben sich nur Frauen (manche Gerichte sind hier auch anderer Meinung).
- Das Mutterschutzgesetz lässt die Beschäftigung Schwangerer nicht zu (körperlich schwere, gesundheitsgefährdende oder Akkord-Arbeit etc.).
- Die spezielle Tätigkeit kann objektiv nicht von einer Schwangeren ausgeführt werden (Tänzerin, Mannequin usw.).
- Es handelt sich um eine befristete Stelle.

In diesen Fällen ist eine wahrheitsgemäße Antwort erforderlich. In allen anderen Fällen dürfen Sie wissentlich lügen, ohne Konsequenzen befürchten zu müssen.

Familienplanung

Kein berechtigter Grund ist dagegen jemals bei Fragen nach Ihren Heiratsplänen, einer Lebensgemeinschaft, nach Kinderwunsch oder Verhütung erkennbar, die kennzeichnenderweise ebenfalls fast nur Frauen gestellt werden. Diese Fragen berühren allein Ihre Privatsphäre und haben keinerlei Bezug zu der angebotenen Arbeit. Sie dürfen hier das Blaue vom Himmel herunterlügen. Meist wird es einen etwas günstigeren Eindruck machen, wenn Sie sich auch zum Thema Familienplanung schon eine Meinung gebildet haben, also insgesamt in Ihren Wertvorstellungen und Ihrem Lebenskonzept gefestigt erscheinen und dazu stehen. Es wird Ihnen auch hier gut tun, sich selbst treu zu bleiben: Ob Kinderwunsch ja oder nein, auch für Firmen gibt es gute Gründe, den mehr karriereorientierten oder auch familienorientierten Typ zu favorisieren. Selbstredend sollten Sie aber nicht den Eindruck entstehen lassen, Sie suchten nur eine feste Anstellung, um sich alsbald in den Mutterschutz zu verabschieden.

Die Privatsphäre ist für den Arbeitgeber tabu

Mitgliedschaften

Vorsicht ist geboten, wenn Sie im Vorstellungsgespräch danach gefragt werden, ob Sie einer Gewerkschaft angehören, im Betriebs- oder Personalrat tätig sind oder aber Mitglied einer Partei oder Religionsgemeinschaft sind. Diese Fragen sind grundsätzlich unzulässig und müssen von Ihnen nicht zutreffend beantwortet werden.

Bei Fragen nach Partei-, Gewerkschafts- oder Religionszugehörigkeit darf in der Regel gelogen werden

Von Ihren Aktivitäten in einer Gewerkschaft oder Arbeitnehmervertretung darf eine Einstellung nicht abhängig gemacht werden. Sie dürfen einfach lügen. Zulässig ist die Frage allerdings, wenn Sie sich bei einer Gewerkschaft bewerben. Betriebe in kirchlicher Trägerschaft haben das Recht, Sie nach Ihrer Religionszugehörigkeit, ideologisch ausgerichtete Organisationen nach Ihrem Parteibuch zu fragen. So dürfen kirchliche Kindergärten oder Altenheime Ihre Einstellung von der jeweiligen Religion abhängig machen. Parteistiftungen müssen keine politischen Gegner beschäftigen.

Schulden

Schulden gehen den Arbeitgeber nur in Ausnahmefällen etwas an

Ihre Vermögensverhältnisse haben Ihren künftigen Arbeitgeber im Allgemeinen nicht zu interessieren. Auch dieser Bereich ist Ihrer Privatsphäre zuzuordnen.
Unter bestimmten Bedingungen kann aber dennoch ein berechtigtes Interesse bestehen. Wenn eine besondere Vertrauensposition durch hohe Schulden, Pfändungen, Bürgschaftsverpflichtungen o.ä. gefährdet wäre, darf ein Arbeitgeber fragen. Dies betrifft z.B. leitende Angestellte, Kassierer oder Revisoren.
Übrigens: Unter „ungeordneten Vermögensverhältnissen“ sind nicht Ihr Anschaffungsdarlehen, Ihr Autokredit, Ihr Wohnungsbaukredit zu verstehen, die Sie ordnungsgemäß abzahlen, oder die Beanspruchung des vereinbarten Überziehungsrahmens auf Ihrem Girokonto. Solche Darlehen brauchen Sie auf entsprechende Fragen nicht anzugeben.

Vorstrafen

Die Frage nach Vorstrafen ist im Vorstellungsgespräch eingeschränkt zulässig. Es kommt wieder darauf an, ob eine Auswirkung auf die Arbeit zu befürchten ist. So dürfen angehende Kassierer oder Buchhalter nach Betrugsdelikten in der Vergangenheit gefragt werden. Bei einem Mediziner ist die Frage nach Drogenmissbrauch zulässig. Bei einem Kraftfahrer sind Verkehrsdelikte interessant. Ein künftiger Lehrer darf sich keiner Sittlichkeitsverbrechen schuldig gemacht haben.
Oft wird jedoch auch hier ein direktes Fragen im Vorstellungsgespräch umgangen. Stattdessen wird vom Bewerber ein polizeiliches Führungszeugnis verlangt. Hierbei handelt

es sich um einen Auszug aus einem Zentralregister, in dem alle Vorstrafen gespeichert sind. Nach bestimmten Fristen je nach Schwere werden diese Vorstrafen im Register jedoch auch wieder gelöscht, so dass Ihr Arbeitgeber über verjährte Vorstrafen keine Auskunft mehr erhalten wird.
Auch hier wieder ein Hinweis: Zu den Vorstrafen gehören z.B. keine Punkte in Flensburg oder Strafmandate.

Besondere Vorstellungsgespräche

Im folgenden Abschnitt wird auf besondere Gesprächssituationen eingegangen, die einige ergänzende Hinweise über den bislang geschilderten üblichen Ablauf von Vorstellungsgesprächen hinaus angezeigt erscheinen lassen:

- Ein zweites Gespräch
- Tipps für Frauen
- Tipps für Ausbildungsplatzbewerber
- Vorstellungsgespräch im Ausland

Die Grundaussagen zu Vorstellungsgesprächen bleiben in allen diesen Fällen gültig. Es werden nur einige Besonderheiten näher betrachtet.

Ein zweites Gespräch

Nicht immer fällt ein Arbeitgeber die Entscheidung über eine Stellenvergabe schon nach der ersten Gesprächsrunde. Es kann auch sein, dass nur der Kreis der Kandidaten ein weiteres Mal eingegrenzt wird. Bei diesem Verfahren wird aufgrund der schriftlich eingereichten Bewerbungsunterlagen und unter Umständen von Tests zunächst ein kleiner Kreis von Bewerberinnen und Bewerbern ausgewählt, die eingeladen werden, sich persönlich vorzustellen. Die Gesprächsrunde mit diesen Kandidaten dient dann dazu, eine

Beim zweiten Gespräch gibt es nur noch zwei oder drei Kandidaten

Gruppe von oft nur noch zwei oder drei Personen herauszufiltern, die der Betrieb grundsätzlich für geeignet ansieht, die Stelle zu übernehmen.

Leitende Angestellte und Spezialisten müssen oft mit zwei Terminen rechnen

Ein zweites Gespräch wird oft anberaumt, wenn es um die Einstellung von Führungskräften oder Spezialisten geht. Auch wenn die Bewerbung über ein Personalberatungsunternehmen läuft, wird meist eine erste Runde von Gesprächen bei den Beratern stattfinden, die dann dem Betrieb wenige Kandidaten für den entscheidenden zweiten Durchgang vorschlagen.

Es lässt sich jedoch keine feste Voraussage treffen, in welchen Fällen es zu einer zweiten Gesprächsrunde kommen wird. Das Verfahren wird auch von den Vorlieben des jeweiligen Betriebs abhängen.

Ist noch eine zweite Gesprächsrunde vorgesehen, wird im ersten Gespräch typischerweise für das Gehalt und die sonstigen Vertragskonditionen nur ein grober Rahmen abgesteckt, der dann in der zweiten Gesprächsrunde ausgefüllt werden soll.

Die folgenden Punkte in einem zweiten Gespräch verdienen eine nähere Betrachtung:

- Die Gesprächssituation
- Die Gesprächspartner
- Ihre Information über Betrieb und Stelle
- Die Vertragsverhandlungen

Hier ergeben sich einige wichtige Unterschiede zum Erstgespräch.

Die Gesprächssituation

Wenn Sie zu einem zweiten Gespräch eingeladen werden, können Sie davon ausgehen, dass der Betrieb Sie im Grunde für geeignet hält. Allerdings ist das kein Grund, siegesgewiss in die zweite Runde zu gehen. Zum einen verleitet Überheblichkeit dazu, es an Konzentration mangeln zu lassen und entscheidende Fehler zu machen. Zum anderen dürfen Sie nicht vergessen, dass die wenigen übrig gebliebenen Kandidatinnen und Kandidaten auch Ihre härtesten Konkurrenten sind. Sie sind genauso gut wie Sie. Oft entscheiden nur Nuancen. Deswegen brauchen Sie sich andererseits um Ihre fachliche Qualifikation im Falle einer späteren Absage nicht den Kopf zu zerbrechen. Womöglich hat nur ein wenig Glück gefehlt – immerhin ein kleiner Trost. Aber zunächst einmal wollen Sie ja den anderen auf alle Fälle um eine Nasenlänge voraus sein.

Wiegen Sie sich noch nicht in Sicherheit

Aufgrund dieser Ausgangssituation wird es im zweiten Gespräch um fachliche Dinge wahrscheinlich nur noch am Rande gehen. Die Qualifikation dafür scheinen Sie alle mehr oder weniger zu haben. Dagegen bekommen jetzt die subjektiven Werte ein noch höheres Gewicht als beim ersten Durchgang. Es wird jetzt sehr vieles auf Sympathie ankommen. Das ist für Sie insofern enttäuschend, als Sie auf das Ergebnis nur wenig Einfluss haben. Aber wenn Sie wissen, dass Sympathie hier eine sehr große Rolle spielt, können Sie sich innerlich darauf einstellen, Ihr Verhalten danach ausrichten, Fehler vermeiden. Zu leicht achtet man nur darauf, fachlich überzeugen zu wollen.

Jetzt kommt es stark auf Sympathie an

Außer auf die Sympathie können Sie auch noch auf Zusatznutzen setzen, den Sie dem Betrieb möglicherweise gegenüber Ihren Mitbewerbern bieten können.

Daneben geht es im zweiten Gespräch auch noch um die Frage, zu welchen Konditionen mit den einzelnen Kandidaten eine Einigung möglich ist. Der genaue Eintrittstermin wird ein Thema sein. Grundsätzlich wird das Gespräch mehr ins Einzelne gehen.

Sehr oft wollen sich in dieser zweiten Runde die nächsthöheren Führungskräfte ein Bild von Ihnen machen, die Sie im ersten Gespräch noch nicht kennen gelernt haben.

Tendenziell ist wegen der größeren Zahl an Teilnehmern und der Detailliertheit der Vereinbarungen ein zweites Gespräch länger als das erste. Auch Ihre Vorbereitung auf das zweite Gespräch sollte noch intensiver als beim ersten sein.

Die Gesprächspartner

Oft werden Sie im zweiten Gespräch eine höhere Führungsebene kennen lernen als im ersten Gespräch. Dies kann in der Form geschehen, dass Sie jetzt ganz neue, ranghöhere Gesprächspartner haben, es kann sein, dass die Chefin oder der Chef oder die nächsthöheren Fachvorgesetzten zeitweilig am Gespräch teilnehmen, oder Sie werden zu kurzen Einzelgesprächen mit diesen Personen gebeten.

Ganz wichtig: Blickkontakt mit allen Gesprächsteilnehmern

Inwieweit diese Teilnehmer nur der Vollständigkeit halber einbezogen werden, nicht übergangen werden dürfen, sich vor einer Einstellung auf jeden Fall noch ein persönliches Bild von Ihnen verschaffen wollen oder aber entscheidenden Einfluss auf die Stellenbesetzung haben, ist leider nicht leicht zu erkennen. Sie müssen ein Gespür dafür entwickeln, denn danach richtet sich auch die Art der Gesprächsführung. Auf jeden Fall sollten Sie jeden Gesprächsteilnehmer wichtig nehmen, denn gerade die entscheidenden Leute halten sich oft bewusst zurück und werden von Ihnen dann leicht für unwichtig gehalten.

Gesprächsthemen mit hohen Führungskräften, die Sie nur einmal kennen lernen wollen, werden oft nicht detailliert ins Fachliche gehen, sondern sich auf einer höheren Ebene der Geschäftspolitik bewegen oder sich um ganz andere Dinge drehen. Mitglieder der Geschäftsleitung interessieren sich oft für Fragen wie den Grund Ihrer Bewerbung, Ihren Ehrgeiz, Ihre Einsatzbereitschaft. Fachvorgesetzte, mit denen Sie später enger zusammenzuarbeiten haben werden, interessieren sich dagegen stärker für fachliche Gesichtspunkte, Ihren Kenntnisstand, Ihre Teamfähigkeit.

Ein Tipp: Rufen Sie vor dem zweiten Gespräch in der Personalabteilung an und fragen Sie, wer Ihre Gesprächspartner sein werden, welche Positionen sie bekleiden und was die Themen des zweiten Gesprächs sein sollen. Es ist nicht zu erwarten, dass Ihnen diese Auskünfte verweigert werden. Sie können sich dann besser vorbereiten, demonstrieren Interesse, und Sie können sich durch das Telefonat zusätzlich noch einmal positiv in Erinnerung bringen. Vielleicht erhalten Sie sogar Hinweise, wie den einzelnen Gesprächsteilnehmern am besten zu begegnen ist.

Der Telefonanruf hilft bei der Vorbereitung

Ihre Information über Betrieb und Stelle

Auch das zweite Gespräch ist nicht nur für den Betrieb gedacht, sondern auch für Ihre Information. Sie haben hier die Gelegenheit, sich noch wesentlich detaillierter nach Ihren künftigen Arbeitsbedingungen zu erkundigen als beim ersten Mal, bevor Sie sich gegebenenfalls für diese Stelle entscheiden. Fragen Sie, sofern Sie es nicht schon beim ersten Termin getan haben, nach Ihren konkreten Aufgaben, der Ausstattung Ihres Arbeitsplatzes (z.B. mit PC, Nachschlagewerken), Ihren Zukunftsaussichten, der Einarbeitung, Ihren Handlungsspielräumen, Ihrer hierarchischen Stellung. Vergleichen Sie hierzu auch Ihren Fragenkatalog.

Beim zweiten Gespräch gehen beide Seiten mehr ins Detail

Die Vertragsverhandlungen

Auch bei den Verhandlungen über die Konditionen können Sie in einem zweiten Gespräch viel weiter ins Detail gehen, z.B. was Gehalt und Zusatzleistungen betrifft, die genaue Arbeitszeitregelung, Urlaub und Eintrittstermin (vgl. wieder den Fragenkatalog).

Der Versuch, sich gegenüber den Mitbewerbern über einen billigeren Preis Vorteile zu verschaffen, ist übrigens nicht sonderlich empfehlenswert. Sie laufen Gefahr, sich als billiger Jakob zu disqualifizieren. Gute Ware hat schließlich ihren Preis. Denken Sie auch daran: Je weiter Sie im Bewerbungsverfahren gekommen sind, desto kompromissbereiter wird sich der Betrieb tendenziell in Vertragsfragen geben. Schließlich läuft er Gefahr, das gesamte Bewerbungsverfahren von vorne wiederholen zu müssen, falls die Einigung scheitert. Sie sehen also, dass es kein Nachteil sein muss, wenn die Gehaltsfrage erst relativ spät angeschnitten wird. Aber Vorsicht: Selbstverständlich können Sie dieses Blatt auch schnell überreizen.

Tipps für Frauen

Dass trotz formaler Gleichberechtigung Frauen im praktischen Berufsleben nach wie vor in vieler Hinsicht benachteiligt sind, bedarf keiner weiteren Erläuterung. Dies wirkt sich natürlich auch im Vorstellungsgespräch aus. Grundsätzlich laufen die Vorstellungsgespräche für Frauen selbstverständlich nicht anders als oben geschildert. Dennoch lohnen einige ergänzende Hinweise. Diese Tipps betreffen die folgenden Gebiete:

- Die Vorbereitung auf das Vorstellungsgespräch
- Praktische Überlegungen im Vorfeld des Gesprächs
- Vorurteile in Bezug auf die persönliche Eignung
- Lücken im Lebenslauf durch Kindererziehungszeiten

Besonders Mütter sind im Berufsleben benachteiligt

In vielen der Punkte, nicht nur im letzten, richten sich die Tipps besonders an Mütter. Viele der kritischen Punkte für Frauen in Vorstellungsgesprächen haben mit diesem Thema zu tun, angefangen von der berüchtigten Frage nach einer Schwangerschaft bis zur Befürchtung, bei einem Wiedereinstieg ins Berufsleben den Anschluss verpasst zu haben. Wenn abweichend von der zur Zeit noch verbreiteten Rollenverteilung der Vater den Erziehungsurlaub zur Kinderbetreuung nimmt, gelten die diesbezüglichen Hinweise natürlich auch für ihn.

Die Vorbereitung auf das Vorstellungsgespräch

Schon zur Auswahl der Betriebe, bei denen Sie sich bewerben wollen, lohnen einige Hinweise: So können Sie sich mittlerweile bei der Stellensuche neben Arbeitsamt, eigenen Bewerbungen und Stellengesuchen auch der Dienste von Personalberatungsunternehmen bedienen, die sich auf die Vermittlung von Frauen in Führungspositionen spezialisiert haben. Und bei der Information über die Betriebe, für die Sie sich interessieren, schadet es nicht, auf einige zusätzliche Punkte zu achten, angefangen von Sozialleistungen über Programme zur Frauen- und Familienförderung und die Möglichkeit zu Teilzeitarbeit bis zum Frauenanteil besonders in der Führungsebene des Betriebs. Diese Informationen können Kriterien für Ihre Bewerbung sein.

Werden Sie sich Ihrer Stärken bewusst, und verkaufen Sie sich nicht unter Wert

Bei der Vorbereitung auf ein bevorstehendes Vorstellungsgespräch werden nicht nur Frauen bei der Überlegung, was man dem Betrieb an Leistungen anzubieten hat, gelegentlich überkritisch und trauen sich plötzlich gar nichts mehr zu. Bei der Einschätzung der eigenen Qualitäten kann erforderlichenfalls sicher das Gespräch mit dem Partner, einer aufbauenden Freundin, einem wohlmeinenden Freund, einer ehemaligen Kollegin weiter helfen, die oder der oft gut über die eigenen Schwächen, aber vor allem auch die Stärken informieren kann. Mit einer solchen Vorbereitung lässt sich auch besser ein verbreiteter Fehler in Vorstellungsgesprächen vermeiden, der vor allem bei Frauen beobachtet wird: Bewerberinnen stellen ihr eigenes Licht oft unter den Scheffel. Stehen Sie zu Ihren Stärken! Es geht nicht um Prahlen, sondern um eine sachliche, selbstbewusste Darstellung.

Mitunter neigen Frauen dazu, sich zu stark zurückzunehmen und dadurch unter Wert zu verkaufen. Besonders am Telefon und im Assessmentcenter ist ein festeres Auftreten gefragt. Achten Sie beim Telefonieren darauf, nicht in eine zu hohe Stimmlage zu verfallen, die unsicher wirkt. Beim Assessmentcenter disqualifiziert man sich zwar mit Rücksichtslosigkeit, allerdings bringt zu starke Zurückhaltung ebenfalls Minuspunkte. Wenn Sie das Gefühl haben, einen guten Beitrag leisten zu können, bringen Sie ihn ins Gespräch ein. Achten Sie auch hier auf eine tiefere Stimmlage. Umgekehrt zählt übrigens die Fähigkeit zur guten Teamarbeiterin im Assessmentcenter stets als Pluspunkt.

Eine sehr hohe Stimmlage wirkt leicht unsicher

Anreise und Kleidung

Gute Terminplanung vermeidet Hektik vor dem Gespräch

Bei der Anreiseplanung wurde bereits darauf verwiesen, dass man sich für ein Vorstellungsgespräch einen ganzen Tag reservieren sollte. Es ist nie vorherzusehen, wie lange ein solcher Termin dauern wird, und Zeitdruck, weil man sich noch etwas anderes vorgenommen hat, ist sehr ungünstig. Ist jedoch ein kleines Kind zu betreuen, ist so etwas leichter gesagt als getan. Dennoch ist es für ein erfolgreiches Vorstellungsgespräch unumgänglich, für Entlastung zu sorgen. Sie gefährden sonst durch Terminstress den Erfolg des Gesprächs.

Einige Tipps zur Auswahl der Kleidung für ein Vorstellungsgespräch:

Der Durchschnittsgeschmack in deutschen Betrieben dürfte eher konservativ sein. Folglich können Sie mit allzu extravaganten Kleidern oder viel Make-up in vielen Betrieben Anstoß erregen. Mit Miniröcken unterstreichen Sie eventuell Ihre erotische, keinesfalls aber Ihre fachliche Kompetenz. Außerdem könnte die Sicherheit des Auftritts durch ein ständig erforderliches Zupfen und Ziehen am Rocksaum leiden. Wenn beim Gespräch die Gefahr droht, dass Sie schnell ins Schwitzen geraten, sind Seidenblusen ungünstig, die jeden Fleck gleich sichtbar machen. Stattdessen eignet sich eine Baumwollbluse mit Blazer. Für den Fall einer vor dem Gespräch entdeckten Laufmasche wird vielfach die Mitnahme einer Ersatzstrumpfhose empfohlen.

Vorurteile

Es ist nützlich, sich auf verbreitete Vorurteile insbesondere von Männern gegenüber Frauen im Berufsleben einzustellen, um Ihnen im Gespräch aktiv entgegentreten zu können. Die Vorurteile kommen insbesondere bei der Darstellung Ihres Lebenslaufs im Hinblick auf Ihre Motivation und Ihre persönliche Eignung für eine Stelle zum Tragen. Die verbreitetsten Kritikpunkte: Frauen bekommen Kinder und fallen für den Betrieb anschließend ganz oder teilweise aus; Frauen unterliegen Beschränkungen in ihrer Einsetzbarkeit aus privaten und arbeitstechnischen Gründen; Frauen fehlt es an beruflichem Ehrgeiz; Frauen legen zu viel Wert auf soziale Harmonie, können sich nicht durchsetzen und sind konfliktscheu; Frauen handeln unlogisch und gefühlsgeleitet usw.

Sie sollten solche möglichen unausgesprochenen Einwände im Kopf haben, wenn Sie den Vortrag Ihres Lebenslaufs vorbereiten. Auf entsprechende Fagen sollten Sie weder ratlos noch aufbrausend reagieren, sondern Ihre Fähigkeiten, Kenntnisse, Erfahrungen und Eigenschaften sachlich darstellen. Stellen Sie stets in den Vordergrund, dass Sie vor allem vorhaben, gute Arbeit zu leisten.

Begegnen Sie Vorurteilen ruhig und sachlich

Machen Sie bei Fragen aus dem persönlichen Bereich klar, dass Ihre beruflichen Ziele mit Ihrem Partner abgestimmt sind und von ihm voll unterstützt werden. Sagen Sie aber niemals, Sie müssten in einem bestimmten Punkt erst Ihren Partner fragen, wenn Sie keinen unselbstständigen Eindruck machen wollen. Legitim ist es, typisch weibliche Stärken wie soziales Verhalten ins Feld zu führen, wenn sie bei der betreffenden Stelle von Vorteil sind.

Heikle Fragen

Frauen (seltener Väter) werden mitunter mit Fragen zum Thema Kinder konfrontiert. Zum einen kann es darum gehen, dass Ihr schriftlich eingereichter Lebenslauf unerklärte zeitliche Lücken aufweist, die auf Kindererziehungszeiten zurückzuführen sind. Zum anderen zielen die Fragen auf einen möglichen Arbeitsausfall infolge einer späteren Schwangerschaft.

Stehen Sie zu Kindererziehungszeiten

Generell lässt sich sagen, dass es empfehlenswerter ist, zu Kindern zu stehen, als eine quasi entschuldigende Strategie zu fahren. So ist es z.B. bereits sinnvoller, die Lücken im Lebenslauf offen als Kindererziehungszeiten auszuweisen, anstatt sie offen zu lassen. Allzu große Lücken im Lebenslauf können von vornherein dazu führen, dass gar keine Einladung erfolgt, und spätestens im Vorstellungsgespräch kommt die Frage ohnehin. Der unausgesprochenen Befürchtung, Sie könnten fachlich den Anschluss verpasst haben, lässt sich am besten mit gezielten Weiterbildungsmaßnahmen begegnen. Wichtig ist, dass Sie dem Interviewer einen roten Faden bieten, der sich durch Ihren Werdegang zieht, denn danach zielt die Frage nach zeitlichen Lücken stets.

Heikel: die Frage nach dem späteren Kinderwunsch

Wenn Sie gefragt werden, ob Sie demnächst Kinder haben wollen, können sie antworten: Nicht jetzt, Sie wollten sich jetzt Ihrer beruflichen Karriere widmen, deswegen hätten Sie sich ja auch beworben. Wenn Sie gefragt werden, ob Sie Kinder haben, antworten Sie wahrheitsgemäß. Wenn Sie es riskieren wollen, können Sie Ihren männlichen Gesprächspartner auf die Frage, wie Sie Beruf und Kinder unter einen Hut bringen wollen, auch zurückfragen, wie er es mit seinen Kindern in dieser Beziehung halte. Die Frage muss jedoch Ihrem Naturell entsprechen und der Situation angemessen sein, wenn Sie den gewünschten Effekt – den Wind aus den Segeln zu nehmen – erzielen soll. Ansonsten antworten Sie auch hier wahrheitsgetreu, denn Sie werden diese Frage für sich und Ihre Familie eh bereits gelöst haben. Wichtig ist für den Arbeitgeber auch hier in erster Linie, dass Sie wissen, was Sie wollen und worauf Sie sich einlassen. Weitere Hinweise zum Thema Schwangerschaft wurden bereits oben im Abschnitt „Heikle Fragen“ gegeben, insbesondere unter welchen Bedingungen die Frage zulässig und unzulässig ist.

Bewerbung um einen Ausbildungsplatz

Grundsätzlich gelten alle bisher gemachten Aussagen zu Vorstellungsgesprächen auch für die Bewerbung um eine Lehrstelle. Aufgrund der besonderen Situation von Berufsanfängern sind hier jedoch einige zusätzliche Bemerkungen angebracht. Sie sind in die folgenden vier Gruppen gegliedert:

- Vor der Vorstellung
- Eltern als zusätzliche Teilnehmer?
- Ihr Lebenslauf
- Nach der Vorstellung

Vor der Vorstellung

Informieren Sie sich über Betrieb und Branche, das zeigt Interesse

Gerade als Schülerin oder Schüler scheint die Information über die in Aussicht genommene Stelle, den Betrieb und die Branche besonders schwierig, da ja noch keine oder nur wenige Erfahrungen mit der Berufswelt vorliegen. Eine gute Vorbereitung des Vorstellungsgesprächs ist dennoch unerlässlich. Je mehr Sie über Ihre künftige Arbeit bereits wissen, desto eher überzeugen Sie den Betrieb von Ihrer Motivation. Wenn Sie uninformiert ins Vorstellungsgespräch gehen, bringen Sie sich gegenüber Ihren Mitbewerbern um Ihre Chancen.

Als erster Einstieg zur Informationssuche eignen sich das Arbeitsamt und die von ihm herausgegebenen „Blätter zur Berufskunde“, die Ihnen sicherlich schon ein Begriff sind. Darüber hinaus sollten Sie aber auch alle anderen Informationswege nutzen, die oben angesprochen wurden, d.h. den Text von Stellenanzeigen, Zeitungen, Fachzeitschriften, Werbung des Betriebs sowie Nachschlagewerke, die Sie nicht nur im Handel erwerben, sondern auch in Bibliotheken einsehen können, ferner Industrie- und Handels- sowie Handwerkskammern, Broschüren und Geschäftsberichte vom Betrieb, Bekannte und Verwandte.

Eltern als zusätzliche Teilnehmer?

Bei jüngeren Bewerberinnen und Bewerbern werden selten auch die Eltern zu Vorstellungsgesprächen um eine Lehrstelle miteingeladen. Ein Vorteil besteht darin, dass Erwachsene oft (nicht immer) routinierter mit solchen Verhandlungssituationen umgehen können. Ein großer Nachteil ist, dass Sie selbst dann im Gespräch womöglich nur noch eine Nebenrolle spielen und sich gar nicht mehr so darstellen können wie erforderlich.

Lieber ohne Eltern zum Gespräch

Der Normalfall ist, dass Sie das Vorstellungsgespräch allein führen; die Arbeit später müssen Sie ja auch selbst erledigen. Wenn Sie also vor der Entscheidung stehen, ob Sie allein oder mit Eltern ins Gespräch gehen sollen, sollten Sie möglichst allein gehen, wenn Sie sich selbstständig genug fühlen. Selbstständigkeit wird immer als Pluspunkt gewertet. Wenn Sie aber zu zweit oder dritt ins Gespräch gehen, sollten Sie versuchen, vorher abzusprechen, wer wann das Wort ergreift, damit Sie sich auch präsentieren können.

Ihr Lebenslauf

Im Vorstellungsgespräch selbst wird sich vor allem die Frage nach Ihrem Lebenslauf etwas von späteren Gesprächen unterscheiden, weil Ihr bisheriger beruflicher Werdegang noch ausgesprochen kurz ist. Er dürfte sich in aller Regel auf die Schule und eventuelle Zusatzausbildungen wie Schreibmaschinenkurse und Praktika etc. beschränken. Aus diesem Grunde werden sich die Lebensläufe aller Bewerberinnen und Bewerber auch weitgehend gleichen. Daher sind mögliche zusätzliche Unterscheidungsmerkmale für den Arbeitgeber besonders wichtig. Um Unterschiede zwischen den einzelnen Kandidaten herauszuarbeiten, werden Bewerber in Auswahlinterviews um einen Ausbildungsplatz häufiger nach Ihrer Schullaufbahn, Eltern und Geschwistern, Hobbys und sonstigen Aktivitäten gefragt als in späteren Vorstellungsgesprächen.

Schulnoten: wichtigste Kriterien bei der Vorauswahl

An erster Stelle werden hier Ihre Noten stehen, die meist auch die wichtigste Rolle bei der schriftlichen Vorauswahl der Kandidaten spielen, die zum Gespräch eingeladen werden. Aber auch wenn Sie in puncto Noten nicht so viel vorweisen können, haben Sie durch andere Qualitäten die Möglichkeit, sich hervorzuheben. Dazu gehören z.B. Hobbys, die mit Ihrer angestrebten Tätigkeit in einem gewissen Zusammenhang stehen (z.B. Erfahrung mit Computern, wenn Sie sich um Büroarbeit bewerben). Positiv bewertet werden auch meist gesundheitsfördernde, sportliche, handwerkliche und musische Hobbys. Auch sonstige Aktivitäten wie Feriensprachkurse, Praktika, Ferienjobs, Mitarbeit in sozialen Einrichtungen, Jugendarbeit etc. können nützlich sein. Lassen Sie auch erkennen, dass Ihre Lieblingsfächer einen Bezug zur Stelle aufweisen. Eine Vorliebe für Mathematik dürfte z.B. in kaufmännischen Berufen gut ankommen. Stellen Sie sich aber auf jeden Fall darauf ein, dass Sie nach Ihren angegebenen Vorlieben und Stärken näher gefragt werden. Es wäre doch sehr peinlich, wenn Ihre Gesprächspartnerin oder Ihr Gesprächspartner gerade auf diesem Gebiet Experte ist und Sie dann gar nicht mitreden können. Überlegen Sie sich in der Vorbereitung auf das Gespräch, was Sie Ihrem Betrieb bieten können.

Wenn Ihre Schullaufbahn gewisse Schwächen aufweist, insbesondere wenn einige Noten nicht so gut ausgefallen sind oder Sie länger als üblich gebraucht haben, müssen Sie sich auf Nachfragen einstellen. Sie sollten sich also vorher plausible Begründungen überlegen und sie auch schon einmal vor kritischen Zuhörern üben. Einige überzeugende Begründungen für schwächere Leistungen sind z.B. ein Umzug der Familie, der zu einem Schulwechsel führt, längere Krankheiten, aber auch einseitige Begabung, sofern die schwächeren Leistungen auf Gebieten liegen, die für die Stelle nicht so wichtig sind, eine vorübergehende Phase der Lernmüdigkeit, die inzwischen überwunden ist. Betonen Sie stets, dass der Umstand der Vergangenheit angehört und Sie künftig Ihre ganze Arbeitskraft für die Stelle einsetzen wollen. Und vor allem: Tischen Sie keine Lügen auf, das kann Konsequenzen haben.

Machen Sie deutlich, wie wichtig Ihnen gerade diese Stelle ist

Und wie in allen Vorstellungsgesprächen müssen Sie besonders mit Fragen rechnen, die auf Ihre Motivation für die Bewerbung abzielen. Überlegen Sie sich eine Begründung, die sachlich zeigt, wie Ihre Eigenschaften, Fähigkeiten, Kenntnisse und eventuell sogar Erfahrungen zu der angestrebten Stelle passen. Eine solche Frage wird oft lauten: „Wieso haben Sie sich bei uns beworben?" Wenn man Sie fragt, ob Sie sich auch bei anderen Unternehmen beworben haben, macht es den besten Eindruck, wenn Sie Bewerbungen bei einigen ähnlichen Unternehmen angeben können; bei Anfängern sind sogar Bewerbungen in verschiedenen Berufen akzeptabel, wenn diese nicht völlig zusammenhanglos sind. Wenn Sie sagen, Sie hätten sich nirgendwo anders beworben, werden Sie leicht für unrealistisch gehalten, wenn Sie sich bei zu vielen Betrieben oder Unternehmen völlig unterschiedlicher Branchen beworben haben, wirkt das leicht unüberlegt und unreif. Ihre Gesprächspartner wollen den Eindruck haben, dass Sie sich ernsthaft für die Stelle interessieren.

Auch die Frage, was Sie nach der Ausbildung vorhaben, zielt auf Ihre Motivation für die Stelle. Der Arbeitgeber dürfte als Antwort erwarten, dass Sie im Betrieb bleiben wollen bzw., wenn eine Übernahme nicht möglich ist, zumindest in derselben Branche.

Nach der Vorstellung

Die gesetzlichen Vorschriften für Ausbildungsverträge sind aus Jugendschutzgründen strenger als für sonstige Arbeitsverträge. So muss der Vertrag z.B. schriftlich abgefasst sein. Er enthält Regelungen zum Inhalt der Berufsausbildung, zur Dauer, zur Berufsschule, zur Arbeitszeit, zur Probezeit, zum Gehalt, zum Urlaub, zur Kündigung usw. Die zuständigen Industrie- und Handelskammern oder Handwerkskammern prüfen die Verträge.

Ausbildungsverträge unterliegen besonderen gesetzlichen Bestimmungen

Für alle Jugendlichen unter 18 ist zudem eine ärztliche Untersuchung Pflicht.

Vorstellungsgespräch im Ausland

Auch wenn Sie sich in anderen Ländern um eine Arbeitsstelle bewerben, laufen Vorstellungsgespräche im Grundsatz nicht anders ab als oben geschildert. Die fremde Sprache, Mentalitätsunterschiede und andere Gepflogenheiten sind die augenfälligsten Unterschiede. Hierauf konzentrieren sich die folgenden Hinweise, die im Einzelnen die folgenden Punkte behandeln:

- Vorbereitung des Gesprächs
- Die Gesprächssituation
- Fragen zu Ihrem Lebenslauf
- Personalfragebögen

Vorbereitung des Gesprächs

Dass Sie in einem Vorstellungsgespräch im Ausland die Sprache beherrschen müssen, versteht sich von selbst. Besonders wichtig ist hier, dass Sie Ihren Lebenslauf flüssig erzählen können. Einen solchen Vortrag sollten Sie in Ihrer Vorbereitung besonders gründlich üben.

Eigentlich selbstverständlich: Ausdrucksfähigkeit in der Fremdsprache

Auch ein eventueller Telefonanruf sollte sorgfältig geplant werden. Das Telefon ist in einer fremden Sprache zweifellos das schwierigste Medium. Sie sehen Ihren Gesprächspartner nicht, alle Unterstützung durch Gestik, Mimik etc. fällt weg, immer drängt die Zeit, oft ist die Verbindung schlecht. Es empfiehlt sich daher eine Vorplanung des ganzen Gesprächs. Schreiben Sie sich für den Auftakt vielleicht sogar die ersten ein, zwei Sätze auf. Legen Sie Ihre Notizen und Ihren Lebenslauf neben das Telefon und sorgen Sie dafür, dass Sie während des Gesprächs nicht gestört werden können. Achten Sie auf einwandfreie Verständigung. Dazu gehört zunächst einmal, dass Sie den Namen Ihres Gesprächspartners genau verstehen und er oder sie den Ihren. Fragen Sie lieber zurück, wenn Sie irgendetwas nicht richtig verstanden haben. Ihr Ziel muss es sein, Sympathie zu erringen. Deutsch hört sich für einen Engländer oder Franzosen z.B. sehr monoton an. Versuchen Sie, die jeweils typische Sprachfärbung ein wenig nachzuahmen, um netter zu wirken. Manchmal stößt man natürlich trotz größten Bemühens um Freundlichkeit auch auf Gesprächspartner, die einfach keine Ausländer mögen. Bleiben Sie ruhig, sachlich und freundlich. In einem ganz hartnäckigen Fall haben Sie dann einfach Pech gehabt. Die darüber hinaus weiter oben gegebenen grundsätzlichen Tipps zum Telefonieren gelten natürlich auch hier.

Ein vorhergehendes Telefonat sollte besonders gut vorbereitet sein

In praktischer Hinsicht sollten Sie gegebenenfalls daran denken, zum Gespräch Ihre Zeugnisse, Bescheinigungen, Arbeitsproben, Referenzen, letzte Gehaltsabrechnung und sonstigen Bewerbungsunterlagen im Original mitzunehmen. Unter Umständen wird man sie einsehen wollen. Dies liegt daran, dass es bei der vorherigen schriftlichen Bewerbung nicht üblich ist, dem Bewerbungsschreiben irgendwelche anderen Anlagen als einen Lebenslauf beizufügen.

Zum Gespräch mitnehmen: Zeugnisse und Arbeitsproben

Die Gesprächssituation

Die Einstellung auf eine fremde Mentalität verlangt viel Einfühlungsvermögen. Die Möglichkeiten, Fehler zu machen, sind unbegrenzt. Ein typisch deutscher Fehler ist zu große Direktheit. Was hier als Tugend gilt, wirkt in anderen Ländern, ganz besonders im französischsprachigen Raum, leicht arrogant.

Fragen zu Ihrem Lebenslauf

Wie stets wird die Frage nach Ihrer Motivation für die Bewerbung zentral sein. Ihre Gesprächspartner könnten vor allem Zweifel haben, ob Ihr Engagement wirklich gut überlegt ist und von Dauer sein wird oder ob Sie vielleicht in Wirklichkeit eine Art verlängerten Urlaub planen. Diese Gedanken wird Ihr Gegenüber mit Sicherheit hegen, selbst wenn sie nicht konkret geäußert werden. Bemühen Sie sich, mit Ihrer Präsentation solche Zweifel von vornherein zu zerstreuen. Geben Sie z.B. zu erkennen, dass Sie vom europäischen Gedanken zutiefst überzeugt sind und dass Sie ein Liebhaber der jeweiligen Kultur und Lebensart sind. Als Pluspunkte können Sie die positiven Vorurteile verstärken, die man Deutschen typischerweise entgegenbringt: Wir könnten hart arbeiten, seien korrekt, sehr diszipliniert, verlässlich und leisteten Qualitätsarbeit.

Oft wird der Arbeitgeber zweifeln, ob er langfristig auf Sie zählen kann

Regelrecht unzulässige Fragen wie in Deutschland gibt es in anderen Ländern übrigens kaum. Wenn Ihnen heikle Fragen gestellt werden, kommt es also noch mehr als in Deutschland auf Ihr diplomatisches Geschick und Fingerspitzengefühl bei der Antwort an.

Referenzen spielen bei Bewerbungen in manchen Ländern eine größere Rolle als in Deutschland. Selbst wenn Sie keine Referenzen angegeben haben, sind Nachfragen bei ehemaligen Arbeitgebern durchaus möglich.

Personalfragebögen

Zum Schluss noch einige Hinweise zum Thema Personalfragebögen. Normalerweise werden solche Fragebögen eine Rubrik wie „Eigene Ergänzungen“ enthalten. Was hier einzutragen ist, ist im Grunde dasselbe, was in Ihrem Bewerbungsschreiben stehen würde: Stellen Sie kurz die Hauptpunkte Ihres Lebenslaufs dar und zeigen Sie, wie gut diese zur fraglichen Stelle passen. Ist eine solche Rubrik nicht enthalten, wird erwartet, dass Sie ein solches Bewerbungsschreiben gesondert hinzufügen. In beiden Fällen gilt: Schreiben Sie auf keinen Fall mehr als eine Seite. Weitere allgemeine Informationen zu Personalfragebogen erhalten Sie weiter unten.

Praktische Dinge

Nicht nur in der Vorbereitung, sondern auch während eines Vorstellungstermins sind einige mehr praktische Dinge zu beachten, die hier erläutert werden sollen:

- Unter Umständen können Sie bei Ihrem Besuch Kollegen und Arbeitsplatz kennen lernen.
- Mitunter werden Sie mit sogenannten Personalfragebögen konfrontiert.
- Fast immer ist die Frage der Kostenerstattung zu klären.
- Gelegentlich ist eine ärztliche Untersuchung vorgesehen.

Kollegen und Arbeitsplatz kennen lernen

Die Neugierde auf Kollegen und Arbeitsplatz wird selten beim Gesprächstermin befriedigt

Bevor Sie die Stelle antreten, würden Sie vermutlich gerne wissen – besonders wenn viel Teamarbeit ansteht – mit wie vielen und welchen Kollegen Sie es künftig täglich zu tun haben werden, wie die Arbeitsatmosphäre ist, wie alt die Kollegen sind oder wer Ihnen etwas sagen darf bzw. wem Sie etwas zu sagen haben.

Auch wie es um Ausstattung, Gesundheit und Sicherheit Ihres Arbeitsplatzes bestellt ist, dürfte recht interessant sein. Eine direkte Inaugenscheinnahme wäre da sicher äußerst aufschlussreich.

Allerdings wird es eher selten sein, dass Sie im Zusammenhang mit einem Vorstellungstermin die Gelegenheit dazu erhalten, Kollegen und Arbeitsplatz kennen zu lernen. Unter Umständen findet das Gespräch ganz oder teilweise in der künftigen Fachabteilung statt. Dann können Sie einen gewissen Einblick gewinnen. Meist wird aber die Personalabteilung oder ein neutrales Büro der Treffpunkt sein. Dann werden Sie bei einem ersten Vorstellungsgespräch in der Regel nicht die Gelegenheit erhalten, Ihren neuen Arbeitsplatz einmal zu besichtigen. Am ehesten könnte sich die Chance, im Verlauf oder zum Abschluss des Vorstellungsgesprächs den Arbeitsplatz aufzusuchen und Kolleginnen und Kollegen kennen zu lernen, ergeben, wenn das Entscheidungsverfahren schon sehr weit zu Ihren Gunsten gediehen ist. Schließlich stellt ein solcher Besuch stets auch eine Unterbrechung des alltäglichen Arbeitsablaufs dar, die ein Arbeitgeber in der Regel nicht zu häufig sehen möchte.

Ein erster Eindruck kann auch sehr täuschen

Wenn Sie allerdings die Gelegenheit bekommen, halten Sie die Augen offen. Sehen Sie sich die Ausstattung des Arbeitsplatzes an. Und verschaffen Sie sich einen ersten Eindruck von den Menschen, mit denen Sie künftig zu tun haben werden. Bedenken Sie dabei aber: Erste Eindrücke können arg täuschen. Und vergessen Sie nicht freundlich zu grüßen. Schließlich sind Ihre künftigen Kollegen mindestens ebenso interessiert an Ihnen und werden sich ebenfalls einen ersten Eindruck bilden.

Personalfragebogen

Besonders in größeren, stark durchorganisierten Betrieben kann es Ihnen passieren, dass Sie zusätzlich zu Ihren bereits eingereichten schriftlichen Bewerbungsunterlagen noch einen eigenen Personalfragebogen des Unternehmens oder der Behörde ausfüllen sollen. Wenn Sie Glück haben, bekommen Sie den Fragebogen bereits vor dem Vorstellungsgespräch zugesandt, mitunter erhalten Sie ihn jedoch auch kurz vor dem Gespräch, oft wird er auch erst bei der Arbeitsaufnahme von der Personalverwaltung verlangt.

Ideal: Der Betrieb schickt den Personalfragebogen vorab zu Ihnen nach Hause

Wenn Sie den Bogen nach Hause gesandt bekommen, können Sie die Fragen vorher in Ruhe ausfüllen. Etwas unbequemer wird es, wenn Sie auf das Vorstellungsgespräch eingestimmt beim Betrieb erscheinen und Sie erst einmal Formulare zum Ausfüllen vorgesetzt bekommen. Oft ist das auch gar keine Kleinigkeit, denn solch ein Fragebogen kann leicht vier Seiten umfassen. Ihre Ruhe und Konzentration für das Gespräch wird das sicher nicht gerade fördern. Leider haben Sie keine Wahl, wenn Sie den Vorstellungstermin wahrnehmen wollen. Sie müssen also zum Stift greifen. Wenn Sie daran gedacht haben, Ihren Lebenslauf mitzubringen, haben Sie es bei der Angabe von genauen Daten leichter. Umso ärgerlicher werden Sie wahrscheinlich sein, wenn Sie beim ersten Blick auf die Papiere feststellen, dass Sie eigentlich alle Fragen schon in Ihrem Lebenslauf beantwortet haben. Es hilft nichts, da müssen Sie durch. Ein Hauptgrund, warum eine Personalabteilung die Daten gern auf einem solchen standardisierten Fragebogen versammelt hat, besteht darin, dass ein Vergleich der einzelnen Kandidaten erleichtert wird. Dies ist besonders bei großen Bewerberzahlen eine nicht zu unterschätzende Hilfe. Lücken und Ungereimtheiten, nach denen später gefragt werden muss, sind leichter sichtbar. Häufig wird der Personalbogen später das Stammblatt in Ihrer Personalakte. In anderen Fällen kann schlicht Überorganisation der Grund für die Vorlage von Personalfragebögen sein.

Da die Fragen im Wesentlichen Ihren Lebenslauf betreffen, gelten für Ihre Antworten auch sämtliche Hinweise, die zum Ablauf des Vorstellungsgesprächs gegeben wurden – oft ist ein solcher Personalfragebogen tatsächlich nichts anderes als ein standardisiertes, schriftliches Vorstellungsgespräch.

Die Fragen beziehen sich auf dieselben Themen wie im Abschnitt „Ihr Lebenslauf" genannt: Ihr Lebenslauf allgemein, besonders Ihre Ausbildung, Ihre berufliche Erfahrung, die Schlüssigkeit Ihres Lebenslaufs, Ihre Motivation für die Bewerbung, Ihre persönliche Eignung. Auch alle „heiklen Fragen" können gestellt werden, von der Behinderung über den Gesundheitszustand, die Schwangerschaft, Familienplanung, Partei-, Gewerkschafts-, Betriebsrats- und Religionsmitgliedschaft über Schulden bis zu Vorstrafen. Darüber hinaus wird eventuell auch nach Ihrer Gehaltsvorstellung gefragt.

Beantworten Sie Fragen nach Ihrem Werdegang, Ihrer Ausbildung und Ihrer Berufserfahrung genauso, wie Sie es in Ihrem Lebenslauf getan haben. Achten Sie darauf, dass Ihr beruflicher Werdegang möglichst schlüssig erscheint. Lücken können Sie versuchen durch pauschalere Zeitangaben zu vertuschen (nur Jahr, nicht Monat nennen), durch die Angabe von Aktivitäten im fraglichen Zeitraum zu füllen (Weiterbildung), offen anzugeben („Kindererziehung") oder zu erklären – keinesfalls aber sollten Sie lügen. Achten Sie darauf, dass Ihre Motivation für die Bewerbung sich aus Ihrem Lebenslauf möglichst stimmig ergibt. Äußern Sie bei einer Begründung, wie gesagt, niemals etwas Negatives über Ihre alte Stelle, sprechen Sie besser von der Suche nach einer neuen Herausforderung. Seien Sie vorsichtig bei persönlichen Fragen.

Vorsicht bei persönlichen Fragen: Manchmal sind Notlügen erlaubt

Die oben genannten heiklen Fragen sind hier genauso zu beantworten wie oben erläutert: In der Regel müssen Sie wahrheitsgemäß antworten. In bestimmten Fällen sind Notlügen erlaubt. Die Begründungen für Ihre beruflichen Entscheidungen kann niemand nachprüfen, also sind Sie bei der Beantwortung frei. Ist eine Frage zu indiskret, können Sie das Feld einfach unausgefüllt lassen. Beachten Sie dabei aber, welche Fragen, wie oben genannt, zulässig und damit zu beantworten sind. Grobe Leitlinie: Ist diese Information für die fragliche Arbeit relevant? Vielleicht wird Ihr Gesprächspartner im Interview dann gar nicht auf diesen Punkt zurückkommen, weil er ihn nicht interessiert. Oder er fragt nach, dann antworten Sie wie oben empfohlen: sachlich und erläuternd.

Die Gehaltsfrage kann besser im persönlichen Gespräch verhandelt werden

Wenn Sie nach Ihrem letzten Gehalt gefragt werden, müssen Sie wahrheitsgemäß antworten. Denken Sie daran, dass Sie, wenn Sie innerhalb eines Jahres wechseln, die Lohnsteuerkarte abgeben müssen und der neue Arbeitgeber daran Ihr Gehalt ablesen kann. Fragt man Sie nach Ihrer Gehaltsvorstellung, dann ist dieses Thema viel besser im persönlichen Gespräch zu erörtern; hier kann man gegebenenfalls auch auf Zusatzinformationen, Sonderleistungen etc. reagieren. Jedenfalls lässt sich im Gespräch in vielen Fällen eine Einigung finden, während eine schriftliche Aussage erst einmal im Raum steht. Lassen Sie ein solches Feld am besten offen oder schreiben Sie: „Das Thema Gehalt würde ich lieber im persönlichen Gespräch klären.“ Wenn die Angabe unumgänglich ist, geben Sie auf jeden Fall keinen festen Betrag, sondern eine Gehaltsspanne an.

So ähnlich könnte ein Personalfragebogen beispielsweise aussehen:

Personalbogen

Bewerbung als:

Name (Bewerber, Mitarbeiter / auch Geburtsname)

Vornamen (Rufname unterstreichen)

Ehegatte/-Gattin / Geb.-Name

Straße / Haus-Nr. Telefon

Postleitzahl / Wohnort

Geb.-Datum Geb.-Ort

Staatsangehörigkeit Fam.-Stand

Religion Kinder im Alter von:

Bitte Lichtbild einkleben (Nicht älter als 1 Jahr)

Name Ihrer Krankenkasse: ______

Versicherungsnummer in der Rentenversicherung

Sind sie Bezieher einer Rente? JA ☐ BEANTRAGT ☐ NEIN ☐

falls ja, Rentenart: ______
Rentenbescheid vom ______
Befristung JA ☐ NEIN ☐

Name Ihrer Bank / Sparkasse ______
Bankleitzahl ______
Kontonummer ______
Name des Kontoinhabers ______

Laufen Pfändungen gegen Sie JA ☐ Höhe ______ NEIN ☐

Besitzen Sie einen Führerschein JA ☐ Klasse ______ NEIN ☐

Haben Sie für das laufende Kalenderjahr bereits Urlaub erhalten? (Erhaltener Urlaub ist zu belegen) JA ☐ Anzahl der Tage ___ NEIN ☐

Haben Sie Verwandte in unserem Unternehmen? JA ☐ NEIN ☐
oder in der gleichen Branche? JA ☐ NEIN ☐

Benötigen Sie Hilfe bei der Wohnraumbeschaffung? JA ☐ NEIN ☐

Für Ausländer:
Aufenthaltsgenehmigung: ☐ nein ☐ ja - bis ______
Arbeitserlaubnis: ☐ nein ☐ ja - bis ______

Sind Sie zur Zeit arbeitslos? JA ☐ NEIN ☐
gemeldet beim Arbeitsamt: ______
Stamm-Nr. beim AA: ______
Sind Sie Schüler(in) oder Student(in)? JA ☐ NEIN ☐
Haben Sie körperliche Leiden? JA ☐ NEIN ☐
Sind Sie:
Schwerbehinderte(r)? (ab 50%) JA ☐ NEIN ☐ ___%
Gleichgestellte(r)? (unter 50%) JA ☐ NEIN ☐ ___%
Erwerbsminderung ohne Gleichstellung? (unter 50%) JA ☐ NEIN ☐ ___%

Nur für Bewerber, die der Wehrpflicht unterliegen:
Sind sie zur Bundeswehr gemustert? JA ☐ NEIN ☐
Sind Sie vom Grundwehrdienst befreit? JA ☐ NEIN ☐
Haben Sie den Grundwehrdienst abgeleistet? JA ☐ NEIN ☐

Liegt eine Vorstrafe vor, die für die Art des zu besetzenden Arbeitsplatzes von Bedeutung ist, bzw. schwebt gegen Sie z. Z. ein solches Strafverfahren? JA ☐ NEIN ☐

Besteht eine Schwangerschaft? JA ☐ NEIN ☐

Kostenerstattung

Wenn Sie zu einem Vorstellungsgespräch eingeladen werden, kommen für die Anreise eventuell recht erhebliche Kosten auf Sie zu, insbesondere wenn Sie von weit her anreisen oder Sie sogar übernachten müssen. Sie haben jedoch gute Aussichten, diese Kosten zumindest zum großen Teil erstattet zu bekommen. In den meisten Fällen wird der Betrieb Ihren Aufwand ersetzen.

In der Regel erstattet der Betrieb die Reisekosten

Denn grundsätzlich gilt, dass der Betrieb Ihren Aufwand zu erstatten hat. Ausnahme: Er weist in seiner Einladung ausdrücklich darauf hin, dass er Ihre Kosten nicht übernehmen wird. Auch dann bleiben Sie auf den Ausgaben jedoch nicht ganz alleine sitzen. Ihre Bewerbungskosten einschließlich der Fahrtkosten sind „Werbungskosten", die Sie in Ihrer Steuererklärung geltend machen können. Heben Sie Fahrkarten, Hotelrechnungen und die Einladung des Betriebs am besten gut auf. Wenn Sie arbeitslos sind, fragen Sie Ihren zuständigen Arbeitsberater nach einem Zuschuss des Arbeitsamts. Die meisten Betriebe jedoch erstatten Ihre Aufwendungen anstandslos, weisen oft auch bereits in der Einladung darauf hin.

Welche Kosten im Einzelnen übernommen werden, richtet sich nach der Verhältnismäßigkeit bzw. Zumutbarkeit:

- Sind Sie mit öffentlichen Verkehrsmitteln angereist, also z.B. mit der Bahn, wird Ihnen regelmäßig der Preis der Fahrkarten erstattet. Bewahren Sie die Tickets am besten auf. Manchmal müssen Sie die Karten zur Kostenerstattung mit einreichen. Auch für die Steuererklärung können sie wichtige Nachweise sein.
- Ist nichts Näheres gesagt, wird von einer Fahrt zweiter Klasse ausgegangen. Wenn Sie erster Klasse reisen dürfen, wird das in der Einladung besonders erwähnt.
- Reisen Sie individuell an, also beispielsweise mit dem eigenen Auto, wird Ihnen entweder ein Betrag in Höhe

einer Bahnfahrt zweiter Klasse erstattet (mitunter müssen Sie eine entsprechende Fahrpreisauskunft der Bahn vorlegen) oder auf Basis einer Kilometerpauschale abgerechnet.

- Eine Anreise mit dem Flugzeug wird innerhalb Deutschlands in der Regel als nicht verhältnismäßig angesehen werden. Hier werden Sie Ihre Kosten also nur zum Teil erstattet bekommen. Anders verhält es sich, wenn Ihnen die Flugreise in der Einladung angeboten wurde. Fragen Sie im Zweifel vorher bei der Personalabteilung nach.
- Wenn eine Hin- und Rückreise an einem Tag nicht zu bewältigen ist, umfasst die Kostenerstattung auch eine Hotelübernachtung. Meist wird bei der Terminvereinbarung jedoch darauf geachtet, dass der Gesprächstermin nicht zu früh oder zu spät liegt. Wenn die Reise sehr weit ist, wird der Betrieb meist von sich aus auf die Möglichkeit der Hotelübernachtung hinweisen, vielleicht sogar bei der Zimmersuche helfen. Im Zweifel sollten Sie auch hier vorher anrufen.
- Andere Betriebe rechnen statt einer individuellen Erstattung nach Pauschalen ab.

Manchmal werden Sie im Betrieb kurz vor dem Gespräch gebeten, Ihren Kostenerstattungsantrag auszufüllen. Mitunter wird das im Verlauf des Gesprächs erledigt oder im Anschluss in der Personalabteilung. Teilweise wird Ihnen das Geld bar in die Hand gedrückt, zum Teil wird es später überwiesen, oder Sie erhalten einen Verrechnungsscheck.

Ansprechpartner für die Frage nach der Kostenerstattung: die Buchhaltung

Rückfragen richten Sie am besten an die Buchhaltung des Betriebs, z.B. wenn Ihre Kostenerstattung auf sich warten lässt. Dort weiß man erstens am besten, ob die Überweisung schon herausgegangen ist, zweitens belästigen Sie dann Ihre Gesprächspartner nicht mit technischen Details. Wenn ein Personalberatungsunternehmen eingeschaltet war, ist dieses in der Regel der richtige Ansprechpartner für Fragen der Kostenerstattung.

Ärztliche Untersuchung

Der Gang zum Arzt: Für Jugendliche vorgeschrieben

Einige Betriebe wollen sich vor einer Einstellung über Ihren Gesundheitszustand genauer informieren und verlangen eine ärztliche Untersuchung. Bei Ausbildungsverträgen für Jugendliche unter 18 Jahren ist eine solche Untersuchung, wie gesagt, sogar gesetzlich vorgeschrieben. Der Arzttermin kann vor dem Gespräch liegen, wird aber meist nach dem erfolgreichen Abschluss der Verhandlungen stattfinden. Sie ermächtigen den Arzt dazu, dem Betrieb bestimmte Auskünfte zu geben, sofern sie für die Einstellung erforderlich sind. Teilweise wird eine solche Untersuchung durch einen Werksarzt vorgenommen, teilweise durch niedergelassene Ärzte.

Nach der Vorstellung

Das Vorstellungsgespräch ist beendet, Sie haben sich mit kräftigem Händedruck von Ihren Gesprächspartnern verabschiedet und sind wieder zu Hause eingetroffen. Jetzt beginnt eine mehr oder weniger gespannte Zeit des Wartens auf das Ergebnis, denn Sie haben zwar sicherlich einen gewissen Eindruck, wie es gelaufen ist (der allerdings auch schwer täuschen kann – positiv wie negativ), eine Entscheidung ist aber noch nicht gefallen.
Dieses Kapitel will Sie über die folgenden zwei Phasen der Zeit nach dem Vorstellungsgespräch informieren:

- Den Entscheidungsprozess
- Kündigung des alten und Abschluss des neuen Arbeitsvertrags

Beide Seiten brauchen Zeit für die Entscheidung

Nicht nur die Personalverantwortlichen im Betrieb, sondern auch Sie werden nach dem Gespräch überlegen, ob die Stelle und Sie zusammenpassen. Beide Seiten werden wahrscheinlich Alternativen prüfen. Unter Umständen kommt es dabei noch zu weiteren telefonischen oder schriftlichen Kontaktaufnahmen, bevor die Entscheidung fällt. Meist wird die Entscheidung vom Betrieb ausgehen, im Falle einer Ablehnung vielleicht aber auch von Ihnen.
Fällt die Entscheidung zugunsten Ihrer Arbeitsaufnahme, wird ein Arbeitsvertrag geschlossen, der die Vereinbarungen im Gespräch aufgreift und näher ausführt. Unter Umständen ist zudem noch ein bestehender Arbeitsvertrag zu kündigen. Den Auftakt Ihrer Arbeit bildet dann in aller Regel eine mehr oder weniger lange Probezeit (oft drei oder sechs Monate),

die gegebenenfalls verlängert werden kann. Diese Zeit dient beiden Seiten zur Prüfung, ob man miteinander zufrieden ist.

Der Entscheidungsprozess

Die Entscheidung darüber, ob Sie und der Betrieb zueinander finden, kann einige Tage bis einige Wochen dauern. Folgendes wird oder kann in diesem Zeitraum ablaufen:

- Das Unternehmen bzw. die Behörde tritt in den Entscheidungsprozess.
- Währenddessen warten Sie und überlegen vielleicht, ob Sie nachfragen sollen.
- Sie erhalten eine Absage.
- Sie erhalten eine Zusage.
- In diesem Fall sind Sie am Zuge: Nehmen Sie an oder lehnen Sie ab?
- Unter Umständen kommen Sie auch auf die Idee, ob Sie die Verhandlungsergebnisse noch etwas nachbessern können.

Der Betrieb wird wahrscheinlich unter Mitwirkung aller am Gespräch Beteiligten eine Rangliste der Bewerber aufstellen und dann in ihrer Reihenfolge den Bewerbern die Stelle anbieten. Ihr Nachfragen während dieses Entscheidungsprozesses kann sinnvoll oder unnütz sein. Auch wenn Sie am Ende eine Absage erhalten, können Sie versuchen, dennoch für sich Gewinn aus dem Bewerbungsverfahren zu ziehen.

Das letzte Wort haben Sie

Die letzte Entscheidung, ob Sie die Arbeit antreten, liegt, wenn Sie eine Zusage erhalten, bei Ihnen. Sie sollten sich diese Entscheidung noch einmal gründlich durch den Kopf gehen lassen. Vielleicht lässt sich ja auch an den bisherigen Abmachungen noch etwas ändern. Zu all diesen Punkten Näheres im Folgenden.

Bewerberrangliste

Nach Abschluss der Vorstellunggespräche trifft üblicherweise der Betrieb die Entscheidung über die Vergabe. Wie lange er dafür braucht, hängt von zahlreichen Faktoren ab: So werden für gewöhnlich mehrere Kandidaten zu Vorstellungsgesprächen eingeladen. Je nachdem an welcher Stelle Ihr Gesprächstermin lag, kann es also sein, dass nach Ihrer Vorstellung noch einige Tage lang weitere Bewerber begutachtet werden. In aller Regel wird ein Betrieb sich erst entscheiden, wenn er alle Kandidaten gesehen hat, die er nach der Vorauswahl persönlich kennen lernen wollte. Weiter spielt für die benötigte Zeit die Zahl der Personen eine Rolle, die in den Entscheidungsprozess einbezogen werden und die Frage, wie gut oder schlecht ein Betrieb organisiert ist. Nach Abschluss des letzten Vorstellungsgesprächs für die Stelle sollte die Entscheidung in einer Woche, längstens zwei Wochen, gefallen sein. Wenn Sie Glück haben, bekommen Sie schon am nächsten oder übernächsten Tag Bescheid.

Die Entscheidung fällt erst nach Abschluss aller Gespräche

Über Ihre Gegenkandidaten können Sie versuchen sich im Vorstellungsgespräch zu erkundigen. Viel mehr als ihre Zahl werden Sie aber in den seltensten Fällen in Erfahrung bringen. Eventuell wird man Ihnen auch noch mitteilen, wann der letzte Vorstellungstermin für diese Stelle anberaumt ist. Die Reihenfolge, in der die einzelnen Kandidaten eingeladen werden, lässt übrigens keine Schlüsse zu. Oft wird ein Betrieb zwar bestrebt sein, die interessantesten Bewerber als erste kennen zu lernen. Terminschwierigkeiten auf beiden Seiten können eine solche Reihenfolge jedoch leicht durcheinander bringen. Und manche Firmen heben sich auch die vielversprechendsten Bewerber bis zum Schluss auf. Ob es nun am günstigsten ist, einen Termin am Anfang, in der Mitte oder am Ende zu bekommen, lässt sich nicht eindeutig beantworten. Für den letzten Kandidaten spricht, dass sein Eindruck bei der Entscheidung noch am frischesten ist. Der erste dagegen könnte den stärksten Eindruck machen, weil ihm noch niemand zuvorgekommen ist. Kurz, die Reihenfolge wird vielleicht etwas Einfluss haben, aber die Entscheidung wird im Wesentlichen den fachlichen, aber auch den persönlichen Kriterien (Sympathie) folgen.

In der Regel werden die an den Gesprächen beteiligten Betriebsvertreter, vielleicht schon nach dem jeweiligen Gespräch, sicher aber nach Abschluss der gesamten Vorstellungsrunde, Ihre Eindrücke miteinander austauschen. Dies ist schnell geschehen, wenn Sie nur eine Gesprächspartnerin oder einen Gesprächspartner hatten. In diesem Fall ist vielleicht noch eine Absprache mit dem jeweiligen Vorgesetzten vorgesehen. Im Übrigen werden sich Vertreter von Personalabteilung, Fachabteilung und Geschäftsleitung, die am Gespräch teilgenommen haben, eventuell zuerst innerhalb ihrer Abteilungen, verständigen und sich dann zusammensetzen und zu einem Beschluss kommen. Im Allgemeinen wird die Fachabteilung bei der Entscheidung größeren Einfluss haben als die Personalabteilung und den größten Einfluss die Geschäftsleitung. Das kann im Einzelfall aber je nach Durchsetzungsfähigkeit auch anders aussehen.

Der Entscheidungsprozess läuft meist formalisiert ab

Dieses Beurteilen wird mehr oder weniger formalisiert ablaufen. Der Betrieb wird von seinen zuvor formulierten Anforderungskriterien ausgehen. Dazu gehören Ihre fachliche wie Ihre persönliche Eignung: Ihre Eigenschaften, Fähigkeiten, Kenntnisse und Erfahrungen. Oft wird eine regelrechte Auswertungstabelle entworfen, in die die Aussagen zu den einzelnen Kandidaten eingetragen werden können. Auch die schriftlichen Bewerbungsunterlagen werden meist mit herangezogen. Die Liste der einzelnen Anforderungskriterien kann mehr oder weniger detailliert sein. Beispiele:

- Ihr Werdegang
- Ihre Ausbildung
- Ihre Berufserfahrung

- Die Schlüssigkeit Ihres Lebenslaufs
- Die Motivation Ihrer Bewerbung
- Ihre persönliche Wirkung

Hier spielen auch subjektive Kriterien, Erinnerungsvermögen, Konzentration der einzelnen Gesprächsteilnehmer usw. eine Rolle. Aus den jeweiligen Bewertungen wird dann eine Rangliste entstehen, auf der die geeignetste Kandidatin oder der geeignetste Kandidat obenan steht.

Der Favoritin oder dem Favoriten wird dann wahrscheinlich als erster die Stelle angeboten. Kandidaten, die gar nicht in Frage kommen, erhalten direkt eine Absage. Eventuell werden Bewerber, die als Reserve gelten, für den Fall einer Absage des Favoriten erst etwas später benachrichtigt. Manche Betriebe halten auch für prinzipiell geeignete Bewerber, die dieses Mal nicht zum Zuge kommen konnten, eine Art Warteposition bereit und werden dem Bewerber oder der Bewerberin die nächste vergleichbare Position, die frei wird, in Aussicht stellen.

Wer auf der Reserveliste steht, muss etwas länger auf eine Nachricht warten

Nachfragen?

In der Zwischenzeit kann Ihnen die Zeit ganz schön lang werden, besonders wenn noch viele Kandidaten nach Ihnen an der Reihe sind. Nun macht es sich bezahlt, wenn Sie, wie empfohlen, zum Abschluss des Vorstellungsgesprächs konkret abmachen konnten, wann Sie mit einer Nachricht rechnen können.

Es gibt mehrere Überlegungen, aufgrund derer man zu dem Ergebnis gelangen kann, dass ein – am besten telefonisches – Nachfragen angebracht ist:

- Der ausgemachte Termin ist weit überschritten.
- Die Vereinbarung lautete, Sie erkundigen sich.
- Sie sind unter Entscheidungsdruck.
- Sie wollen Ihre Chancen fördern.

Wenn Sie einen Termin abgemacht haben, bis zu dem Sie Bescheid bekommen, sollte der Betrieb in etwa dieser Zeit eine Antwort schaffen. Ist diese Frist weit überschritten, sollten Sie nachfragen, denn es könnte im Betrieb wirklich etwas schief gelaufen sein. Wann diese Frist als weit überschritten gelten kann, ist nicht so leicht zu sagen. Länger als ein Drittel der abgemachten Wartezeit brauchen Sie im Anschluss an den verstrichenen Termin aber sicher nicht zu warten.

Vielleicht sind Sie nach dem Gespräch auch mit der Vereinbarung auseinander gegangen, dass Sie selbst sich nach einer gewissen Zeit nach dem Stand der Dinge erkundigen. Dieses Verfahren ist zwar selten, kann Ihnen aber sogar Vorteile bringen. Zum einen müssen Sie nicht passiv warten, was immer Unlust bereitet, sondern Sie können selbst aktiv werden. Zum anderen können Sie bei einigem Geschick etwas zur Begründung der Entscheidung erfahren, sei sie nun positiv oder negativ – was bei einem schriftlichen Bescheid regelmäßig nicht der Fall ist.

Wenn Sie selbst unter Entscheidungsdruck stehen: Fragen Sie nach

Wie Sie nun auch verblieben sind: Geraten Sie objektiv unter Zeitdruck, brauchen Sie mit einer Nachfrage nicht zu zögern. Vielleicht droht Ihr Kündigungstermin beim bisherigen Arbeitgeber zu verstreichen. Dem Betrieb ist auch sicher klar, dass Sie eventuell noch andere Bewerbungen laufen haben. Und wenn Sie ein anderes Angebot vorliegen haben, dieser Betrieb Sie aber mehr interessieren würde, muss und wird sich der Betrieb schneller entscheiden. Entweder Sie erfahren dann, dass Ihre Chancen aussichtslos sind, oder dass eine schnellere Entscheidung zu Ihren Gunsten nicht so rasch möglich ist. Dann können Sie sich für den anderen Betrieb entscheiden. Oder der Betrieb ist wirklich an Ihnen interessiert und wird einiges unternehmen, um Sie zu bekommen. Für einen solchen Entscheidungszwang muss und wird jedes vernünftige Unternehmen Verständnis haben. Sie dagegen sollten besser nicht versuchen, mit einer nur vorgeschobenen Drucksituation zu pokern.

Sie können aber auch aus ganz anderen Überlegungen auf die Idee kommen, zwischendurch im Betrieb anzurufen und sich nach Ihren Chancen zu erkundigen. Sie können das Ziel verfolgen, sich durch eine nochmalige Meldung besser ins Gedächtnis zu bringen und Ihre Chancen zu fördern. Dies kann durchaus gelingen, erfordert aber sehr viel Telefongeschick. Versuchen Sie Ihr Glück, wenn Sie es sich zutrauen.

Vorschnelle Erkundigungen nach einer Entscheidung können den Arbeitgeber nerven

Die Gefahr besteht natürlich darin, dass man den gegenteiligen Effekt erzielt und seinen Gesprächspartnern mit seiner Neugier auf die Nerven fällt (das dürfte das häufigste sein). Am besten suchen Sie sich also einen plausiblen Vorwand für einen Anruf. Vielleicht haben Sie im Gespräch vereinbart, dass Sie noch weitere Arbeitsproben vorbeibringen oder schicken. So könnte sich der Grund für einen weiteren Besuch, einen Brief oder einen Anruf ergeben.

In jedem Fall sollten Sie sich bei einer Nachfrage an die Personen wenden, mit denen Sie das Gespräch geführt haben. Waren mehrere Personen beteiligt, z.B. aus Personal- und Fachabteilung, sprechen Sie vielleicht diejenige an, mit der Sie sich am besten verstanden haben. Wenn der Entscheidungsprozess im Betrieb noch nicht abgeschlossen ist, werden Sie aber in keinem Fall eine definitive Auskunft bekommen.

Absage

Endlich trifft der ungeduldig erwartete Brief Ihres potentiellen Arbeitgebers ein, Ihre Augen fliegen über den ersten Absatz – und Sie stoßen dort auf ein „leider“ oder ein „bedauern“. Pech gehabt. Nun, rein statistisch ist eine Absage auch viel wahrscheinlicher als eine Zusage; schließlich gab es eine Stelle und mehrere Bewerber … Dennoch ist die Enttäuschung groß.

Wenn Sie nun weiterlesen, suchen Sie wahrscheinlich dringend nach einer Begründung, warum es nicht geklappt hat. Doch Sie lesen nur so etwas wie: „Der Beschluss ist uns nicht leicht gefallen, aber wir haben uns letztlich für einen Mitbewerber entschieden. Wir danken Ihnen für Ihr Interesse. Für Ihre weitere berufliche Zukunft wünschen wir Ihnen alles Gute." Das war's. Wirkliche Erläuterungen gibt es so gut wie nie.

Rufen Sie an, um zu erfahren, warum es diesmal nicht geklappt hat

Sie haben nur eine realistische Möglichkeit, etwas über die Gründe der Absage zu erfahren: Sie müssen anrufen. Das fällt sicher nicht leicht. Schließlich fühlt man sich jetzt automatisch in der Rolle des Unterlegenen. Doch lassen Sie sich einmal die folgenden Argumente für einen Anruf durch den Kopf gehen:

- Soll der ganze Aufwand für nichts gewesen sein? Sie haben viel investiert. Beide Seiten haben sich gut kennen gelernt. Da kann der Betrieb doch wenigstens durch eine kleine Begründung noch etwas für Sie tun.
- Sie sind zum Vorstellungsgespräch eingeladen worden und waren folglich für die Stelle grundsätzlich geeignet. Es geht bei der Entscheidung meist nur um Nuancen. Auch die Siegerin oder der Sieger ist meist nur ein Kompromisskandidat.
- Sie können durch einen Anruf nichts verlieren. Sie haben nämlich schon verloren. Sie haben die Stelle nicht bekommen. Welche weiteren Konsequenzen fürchten Sie? Es gibt keine.

Was können Sie gewinnen? Das Gespräch wird meist viel angenehmer ablaufen als Sie befürchten. Ihr Gesprächspartner als Personalprofi weiß, wie man eine solche Unterhaltung zu führen hat. Und mindestens einige kleine Hinweise, woran es gelegen hat, bekommen Sie auf jeden Fall. Eventuell nimmt sich Ihre Gesprächspartnerin oder Ihr Gesprächspartner auch die Zeit für eine ausführliche Analyse, besonders wenn ein Anruf Ihrerseits vereinbart war. So können Sie einiges sehr Wissenwertes über sich und für künftige Bewerbungen lernen, das Sie auf anderem Wege vielleicht nie erfahren hätten. Sie können eventuelle Fehler in Zukunft vermeiden, oder Sie passen unerreichbare Ziele der Realität an. Oder Sie werden wenigstens insoweit beruhigt, dass letztlich Winzigkeiten den Ausschlag gegeben haben. Nur eines brauchen Sie gar nicht erst zu versuchen: Die einmal getroffene Entscheidung können Sie in keinem Fall mehr umstoßen.

Eine Absage des Arbeitgebers ist immer endgültig

Wenn Sie sich zu einem Anruf entschließen können, dann rufen Sie am besten, wenn Sie nicht bereits im Gespräch etwas vereinbart haben, diejenige oder denjenigen Ihrer Gesprächspartner an, die oder der Ihnen am sympathischsten erschien. Im Schnitt dürften übrigens Personalfachleute mit dieser Art Gespräch besser umgehen können als Fachleute – das ist schließlich ihr Job. Wenn Sie es mit vernünftigen Personalfachleuten zu tun haben, werden sie auch zur Auskunft bereit sein.

Zusage

Darauf haben Sie gewartet: Wenige Tage nach Ihrem Vorstellungsgespräch erhalten Sie Nachricht, dass der Betrieb sich entschlossen hat, Ihnen die Stelle anzubieten. Wenn der Betrieb flott ist, erhalten Sie womöglich gleich am nächsten Tag einen Telefonanruf. Sonst kommt vielleicht innerhalb weniger Tage ein Brief. In der Nachricht werden Sie wahrscheinlich aufgefordert, sich zu melden, damit alle weiteren Schritte abgesprochen werden können.

Bleiben Sie trotz Ihrer Freude in einer Beziehung vorsichtig: Hauen sie nicht gleich bei Ihrem derzeitigen Arbeitgeber auf den Putz. Wirklich sicher haben Sie die Stelle nämlich erst, wenn Sie den Arbeitsvertrag in der Tasche haben. Wenn Sie

Sie haben den Job: Bleiben Sie vorsichtig

Pech haben, wird es mit der neuen Stelle aus irgendwelchen Gründen doch nichts, die alte Stelle haben Sie gekündigt, und Sie stehen ganz ohne Arbeit da. Zum richtigen Kündigungszeitpunkt unten mehr.

Eine äußerst seltene Möglichkeit soll nur erwähnt werden: Die Methode, dass ein Betrieb an mehrere mögliche Kandidaten Zusagen verschickt und dann um den günstigsten Preis verhandelt, ist extrem unfair, entscheidungsschwach und sollte eigentlich gar nicht vorkommen.

Der Zwischenbescheid: höflich, aber nichtssagend

Im Übrigen kann Ihr Brief auch nur einen Zwischenbescheid enthalten. Wenn Ihr Betrieb schon nicht in der Lage ist, sich angemessen schnell zu entscheiden, dann ist er damit wenigstens so höflich, Sie nicht zappeln zu lassen. Der Grund, warum es etwas länger dauert, kann darin bestehen, dass in Betrieben ab einer bestimmten Größenordnung die Geschäftsleitung nicht allein über eine Personaleinstellung entscheiden darf, sondern der Betriebsrat bzw. Personalrat zustimmen muss.

Ihre Entscheidung

Wenn Sie sich von der Freude über die Zusage erholt haben, sollten Sie sich klarmachen, dass die letzte Entscheidung jetzt bei Ihnen liegt. Sie können das Angebot annehmen oder ablehnen. Sie haben jetzt noch einmal die Chance, sich alles gründlich zu überlegen.

Wenn Sie den Job doch nicht wollen: Sagen Sie möglichst bald ab

Die Möglichkeit abzulehnen liegt natürlich nicht nur jetzt bei Ihnen, sondern auch zu jedem früheren Zeitpunkt des Verfahrens. Sollte Ihnen also nach dem Vorstellungsgespräch klar geworden sein, dass die Stelle doch nichts für Sie ist, können Sie das Bewerbungsverfahren auch sofort von sich aus abbrechen. Wenn Ihre Entscheidung feststeht, sollten Sie das auch baldmöglichst tun. Geben Sie dem Betrieb kurz telefonisch oder schriftlich Bescheid. Wenn Sie wollen, können Sie Ihre Entscheidung auch kurz begründen, z.B.

durch den Hinweis, dass Sie eine andere Stelle angenommen haben, dass die Aufgabe Sie doch nicht reizt etc. Eine kurze Nachricht ist eine Frage der Fairness. Sie ersparen dem Betrieb unnötigen weiteren Aufwand und geben anderen Bewerbern eine Chance. Sie wollen ja auch, dass der Betrieb Ihnen gegenüber fair auftritt.

Ihre Entscheidung sollten Sie überschlafen

Zurück zu Ihrer Entscheidung nach der Zusage durch Ihr Unternehmen oder Ihre Behörde. Ihr Entschluss wird umgehend erwartet. Eine gewisse Bedenkzeit allerdings steht Ihnen durchaus zu. Etwa zwei bis drei Tage können Sie sich dafür im Allgemeinen Zeit lassen. Die Entscheidung ist schließlich sehr weitreichend und wirkt sich auf einen erheblichen Teil Ihrer gesamten Lebensführung in den nächsten Jahren aus. Sprechen Sie die Entscheidung auf jeden Fall auch mit Partnerin oder Partner durch, wenn Sie sehr unsicher sein sollten, auch mit Freundinnen und Freunden, Eltern und Verwandten; also einfach mit Personen, die Sie als kompetente Ratgeber ansehen.

Als Richtschnur können Sie noch einmal den in Vorbereitung auf das Vorstellungsgespräch aufgestellten Katalog Ihrer Anforderungskriterien heranziehen:

- Befriedigende Tätigkeit: Entspricht die Stelle Ihren Interessen, Ihren Kenntnissen und Fähigkeiten, Ihrer Eignung? Werden Sie weder unter- noch überfordert?
- Herausfordernde Aufgabe: Entspricht die Herausforderung und Verantwortung, die die neue Stelle bietet, Ihren Ansprüchen? Werden Sie ausreichend eingearbeitet?
- Aufstiegsmöglichkeiten: Entsprechen Ihre persönlichen Karrierechancen, Entfaltungs- und Fortbildungsmöglichkeiten in diesem Betrieb Ihren Vorstellungen?
- Verdienst: Sind Gehalt und sonstige Leistungen wie Zusatzentgelte, Sozialleistungen, Sachleistungen für Sie in Ordnung? Kommen Sie mit der Arbeitszeitregelung zurecht?

- Führungsstil: Haben Sie den Eindruck, dass Ihre künftigen Vorgesetzten fachlich wie menschlich kompetent sind?
- Kollegen: Können Sie sich vorstellen, mit Ihren neuen Kolleginnen und Kollegen Tag für Tag gut zusammenzuarbeiten, insbesondere wenn Teamarbeit gefordert ist?
- Betriebsklima: Erscheint Ihnen die im Betrieb herrschende Atmosphäre gut erträglich? Was halten Sie von Ihrem Arbeitsplatz?
- Unternehmenspolitik: Machen Ihnen die Geschäftspraktiken und das Image des Betriebs keine Probleme?
- Zukunftsaussichten: Versprechen die Stelle, der Betrieb und die Branche Ihrem Eindruck nach wirtschaftlich ausreichend sichere Zukunftsperspektiven, oder sind Krisen zu erwarten?
- Vereinbarkeit mit dem Privatleben: Eine neue Stelle könnte eine zeitweise oder dauernde Trennung von Familie, Partner, Kindern, Freunden bedeuten. Kommen Sie damit klar? Wie steht Ihr Partner/Ihre Partnerin zu der neuen Stelle?
- Arbeitsort: Können Sie sich bei einem erforderlichen Umzug Ihre neue Umgebung als Lebensmittelpunkt vorstellen?

Egal wie die Entscheidung ausfällt: Ein Rest an Unsicherheit ist normal

Ihre Entscheidung wird von Ihren ganz persönlichen Antworten auf diese Fragen abhängen. Dabei wird auch nach gründlichster Information im bisherigen Verfahren immer ein Rest an Unsicherheit und Risiko bleiben. In vielen Punkten werden Kompromisse geschlossen werden müssen. Prüfen Sie, welche Bedingungen Ihnen unerlässlich, welche wichtig und welche nebensächlich erscheinen, und wägen Sie ab.

Wenn Sie sich für eine Annahme des Angebots entscheiden, dann melden Sie sich telefonisch, persönlich oder schriftlich

und teilen Sie Ihre Annahme mit. Dann kann ein Arbeitsvertrag geschlossen werden, unter Umständen müssen Sie auch noch einen bestehenden Arbeitsvertrag kündigen.
Haben Sie sich gegen die Stelle entschieden, lassen Sie das den Betrieb ebenfalls möglichst schnell wissen. Gründe können hier zusätzlich sein, dass Sie das Gefühl haben, Sie werden unter Druck gesetzt, Sie werden durch vage Zusagen hingehalten, Sie haben ein besseres Angebot vorliegen oder aber Sie haben festgestellt, dass Sie Ihre Stelle in Wirklichkeit gar nicht wechseln wollen.

Nachverhandeln?

Sie haben nach dem Vorstellungsgespräch eine Zusage des Betriebs bekommen, man macht Ihnen ein Angebot. Sie sehen, der Betrieb will Sie haben. Womöglich kommen Sie jetzt auf die Idee, dass Sie da noch etwas mehr herausschlagen könnten? Seien Sie vorsichtig.

Vorsicht beim Nachverhandeln

Zum einen ist es einfach nicht fair, wenn Sie die Verhandlungen zu einem niedrigeren Preis (Gehalt, sonstige Leistungen) abgeschlossen haben und jetzt draufsatteln wollen, nachdem die Konkurrenz aus dem Rennen ist. Zum anderen können Sie aber auch leicht zu hoch pokern, und Ihr Betrieb sieht sich doch lieber nach einer Alternative um.
Wenn Sie also nachträglich mit den im Gespräch getroffenen Vereinbarungen unzufrieden sind, dann sollten Sie Änderungswünsche auf Nebenpunkte beschränken und nicht den Gehaltsrahmen aufbessern wollen. Solche Verhandlungen sollten Sie gegebenenfalls besser mündlich am Telefon führen als schriftlich. Im direkten Gespräch können beide Partner besser aufeinander eingehen, und Sie bekommen sofort eine Reaktion.

Der Arbeitsvertrag

Das Vorstellungsgespräch im engeren Sinne ist mit der Zusage oder Absage eines Arbeitsverhältnisses abgeschlossen. Im Falle einer beiderseitigen Zusage folgen jetzt der Abschluss eines Arbeitsvertrags und gegebenenfalls die Kündigung Ihrer derzeitigen Stelle. Beide Punkte sollen hier noch kurz angesprochen werden, da sie in einem engen Bezug zum Vorstellungsgespräch stehen: Der künftige Arbeitsvertrag ist der eigentliche Gegenstand der Verhandlungen, die Sie im Vorstellungsgespräch führen, deshalb ist es natürlich wichtig zu wissen, was in ihm geregelt wird. Und die Kündigung einer alten Stelle ist bei der Bewerbung um eine neue Stelle von Anfang an mit zu bedenken, weil Fristen und Trennungsmodalitäten zu beachten sind.

Abschluss des neuen Vertrags

Allgemein üblich: der schriftliche Arbeitsvertrag

Wenn Sie und Ihr Unternehmen bzw. Ihre Behörde sich einig geworden sind, werden Sie einen Arbeitsvertrag abschließen. Grundsätzlich muss ein solcher Arbeitsvertrag übrigens nicht schriftlich abgefasst sein, Sie können sich auch rein mündlich einigen. Eine Ausnahme gilt für Ausbildungsverträge von Jugendlichen unter 18 Jahren. Hier ist die Schriftform vorgeschrieben. Auch bei allen anderen Arbeitsverträgen ist allerdings die schriftliche Form die übliche. Eventuelle spätere Streitfragen sind so z.B. viel eindeutiger zu klären.

Für gewöhnlich wird Ihnen Ihr künftiger Arbeitgeber einen Vertragsentwurf vorlegen. Zuvor haben Sie miteinander unter Umständen noch Einzelheiten besprochen, die im Gespräch nicht oder nicht detailliert genug geregelt worden sind. Sie werden das Vertragsangebot prüfen. Lesen Sie den Text genau. Wenn Sie schwerwiegende Abweichungen zu den Vereinbarungen feststellen, müssen Sie die Unstimmigkeiten klären. Bei Kleinigkeiten verzichten Sie vielleicht darauf. Auch hier können Sie sich noch einmal mit Partnern, Freunden und Familie besprechen. Wenn in allen Punkten Klarheit besteht, werden Sie den Vertrag unterzeichnen und zurücksenden. Unter Umständen muss dann noch der Betriebs- oder Personalrat zustimmen, und dann beginnt irgendwann Ihre neue Arbeit, zumeist mit einer Probezeit.

Studieren Sie den Arbeitsvertrag besonders gründlich

Im Arbeitsvertrag werden alle möglichen Rechte und Pflichten beider Seiten mehr oder weniger ausführlich geregelt. Hier eine Übersicht über die wichtigsten Bestandteile:

- Gegenstand: Genaue Bezeichnung der Vertragspartner (Ihr Betrieb und Sie), der Position und Art der Tätigkeit, Kompetenzen usw.
- Beginn der Tätigkeit
- Arbeitszeitregelung: Stundenzahl, feste Zeiten und Gleitregelung, Pausen, Urlaub etc.
- Vergütung: Lohn bzw. Gehalt, Zulagen, Urlaubs- und Weihnachtsgeld, Überstundenvergütung, freiwillige Zusatzleistungen, Gehaltsfortzahlung im Krankheitsfall etc.
- Probezeit: Zeitraum, innerhalb dessen beiden Seiten eine vereinfachte Kündigung möglich ist
- Kündigungsbestimmungen: Kündigungsfrist und -form bzw. Vertragsdauer

Des Weiteren sind im Arbeitsvertrag oft auch die Bedingungen für Nebentätigkeiten, Wettbewerbsvereinbarungen, eine zusätzliche Altersversorgung geregelt. Andere mögliche Punkte sind Sonderleistungen wie Firmenwagen, der Umgang mit Erfindungen und Verbesserungsvorschlägen, die Verschwiegenheitspflicht, Umzugshilfen, Trennungsgeld, Unfallversicherung, Vermögensbeteiligung und vieles mehr. Sind einige Punkte vertraglich nicht besonders geregelt, gelten die gesetzlichen Bestimmungen (z.B. Kündigungsfristen) oder tarifvertragliche Regelungen (Lohn, Gehalt,

Arbeitszeit). Manchmal verweisen Arbeitsverträge auch ausdrücklich auf diese Bestimmungen. Wenn Sie zum Abschluss von Arbeitsverträgen noch weitere Fragen haben, können Ihnen eventuell Gewerkschaften weitere Auskunft geben.

Kündigung eines alten Vertrags

Dieser Punkt steht nicht ohne Grund an letzter Stelle: Kündigen sollten Sie nämlich wirklich erst dann, wenn Sie den neuen Arbeitsvertrag in der Tasche haben. Auch wenn Sie und Ihr Gesprächspartner sich in allen Punkten einig geworden sind: Es kann immer noch etwas schief gehen. So kann z.B. die Zustimmung des Betriebs- bzw. Personalrats erforderlich sein, bevor der Arbeitsvertrag gültig ist. Jedenfalls wäre es doch zu dumm, wenn Sie frohgemut Ihre alte Stelle gekündigt haben und dann bei der neuen irgendetwas dazwischenkommt. Plötzlich stehen Sie mit leeren Händen da. Auf mündliche Abreden können Sie sich dann nicht berufen.

Niemals vorschnell die alte Stelle kündigen

Zum Schluss können Sie dann noch überlegen, wie Sie die Neuigkeit Ihrem alten Arbeitgeber beibringen und wie sich die restliche Zeit im alten Betrieb wohl gestalten wird.

Zustimmung des Betriebsrats abwarten

Besteht bei Ihrem neuen Arbeitgeber ein Betriebsrat (bei Unternehmen) bzw. Personalrat (bei Behörden), hat dieser ein Mitbestimmungsrecht bei Personaleinstellungen, weil die bereits beschäftigten Mitarbeiter bevorzugt werden sollen. Das Gesetz will verhindern, dass jemand anderes, der bereits eine Stelle hat, entlassen wird, weil Sie eingestellt werden, oder auch nur sonstige Nachteile erleidet. Der Betriebs- oder Personalrat wird zunächst versuchen, ob die Stelle statt mit Ihnen innerbetrieblich besetzt werden kann. Leitende Angestellte sind von der Zustimmungspflicht des Betriebsrats allerdings nicht betroffen.

Für Sie kann die Zustimmungspflicht des Betriebsrats eine äußerst unangenehme Verzögerung bedeuten. Wenn diese Zeitverzögerung Sie wegen Ihrer Kündigungsfristen in Terminnot bringt, kann Ihr neuer Arbeitgeber Sie unter Umständen vorläufig einstellen. Diese Situation bleibt für Sie aber riskant: Sie sind zwar insofern geschützt, als Sie Schadenersatz verlangen können, wenn der Betriebsrat gewinnt, aber arbeitslos sind Sie trotzdem.
Verweigert der Betriebsrat seine Zustimmung, muss er das der Geschäftsleitung innerhalb einer Woche unter Angabe von Gründen schriftlich mitteilen. Anderenfalls gilt die Zustimmung als erteilt. Bei einer Verweigerung hat der Arbeitgeber die Möglichkeit, vom Arbeitsgericht die Zustimmung zur Einstellung zu erhalten. Mögliche Gründe, warum Betriebs- oder Personalrat ihre Zustimmung verweigern könnten, sind: Die Neueinstellung verstößt gegen gesetzliche oder vertragliche Regelungen, andere Mitarbeiter werden überflüssig gemacht, die Stelle wurde nicht zuvor intern ausgeschrieben, Ihre Einstellung stört den Betriebsfrieden etc.
Im Normalfall brauchen Sie allerdings nicht mit einer Ablehnung zu rechnen. Im eigenen Interesse wird der Betriebsrat in der Regel auf dem Laufenden gehalten und kann schon viel früher eingreifen.

Kündigungsfristen

Kündigungsfristen sind Bestandteil des Arbeitsvertrags oder richten sich nach gesetzlichen Bestimmungen

Schon in der Vorbereitung auf Ihr Vorstellungsgespräch sollten Sie sich über Ihre Kündigungsfrist bei der alten Stelle vergewissern. Ein Gesprächspunkt wird stets die Frage Ihres Arbeitsbeginns sein. Ihre Kündigungsfrist ist entweder in Ihrem alten Arbeitsvertrag bzw. tarifvertraglich geregelt, oder Sie richtet sich nach den gesetzlichen Vorschriften. Bestehen keine vertraglichen Regelungen, dann können Sie mit einer Frist von vier Wochen kündigen. Ab zwei Jahren

Betriebszugehörigkeit verlängert sich diese Frist. Solche automatischen Verlängerungen sind oft auch in Arbeitsverträgen und Tarifverträgen vorgesehen.

Wenn Sie vorzeitig gehen wollen, muss der Arbeitgeber sein O.K. geben

Klarheit über Ihre Kündigungsmöglichkeiten schon während des Vorstellungsgesprächs ist übrigens auch aus dem Grund wichtig, dass Sie keineswegs das Recht haben, von Ihrem alten Arbeitgeber vorzeitig aus dem Vertrag entlassen zu werden. Wenn Sie eigenmächtig Ihre Arbeit früher beenden, machen Sie sich sogar schadenersatzpflichtig. Oft wird zwar eine gütliche Regelung möglich sein, aber wenn sich der alte Arbeitgeber quer stellt, haben Sie schlechte Karten. Wenn Sie diplomatisch genug sind, sollten Sie vorher schon einmal vorsichtig versuchen in Erfahrung zu bringen, wie Ihr alter Betrieb für gewöhnlich mit solchen Fällen umgeht. Ergeben sich Überschneidungen von Kündigungsfrist und vorgesehenem Neubeginn, können Sie alternativ versuchen, ob Sie Ihren neuen Arbeitgeber dazu bewegen können, dass Sie später anfangen dürfen. Wenn Interesse an Ihnen besteht, dürfte sich ein Kompromiss finden lassen.

Form der Kündigung

Wenn Sie Ihren neuen Arbeitsvertrag von beiden Seiten unterschrieben in Händen halten, ist der Zeitpunkt gekommen, bei Ihrem alten Arbeitgeber zu kündigen. Sie können überlegen, ob Sie zur Vorbereitung auf die neue Situation Ihre Kollegen oder Ihre Vorgesetzte bzw. Ihren Vorgesetzten schon vorher ins Vertrauen ziehen, ohne formal zu kündigen. Sie sollten dies nur tun, wenn Sie begründet mit Verschwiegenheit und verständnisvoller Reaktion rechnen dürfen. Ein weiteres Risiko dabei entsteht, wenn der neue Vertrag letztlich nicht zustande kommt. In diesem Fall ist Ihre Position im alten Betrieb erschüttert, weil Sie fortan als unsicherer Kandidat gelten, der bei nächster Gelegenheit abspringen wird. Auf jeden Fall sollten Sie korrekterweise Ihre direkte

Vorgesetzte oder Ihren direkten Vorgesetzten sofort zum Zeitpunkt der offiziellen Kündigung informieren.

Regulär kündigen können Sie dann in der Form, die Ihr Arbeitsvertrag vorsieht. Auch wenn die mündliche Form möglich ist, empfehlenswert ist auf jeden Fall eine schriftliche Kündigung, damit Sie im Streitfall etwas vorweisen können. Die Kündigung kann, muss aber keine Begründung enthalten.

Die Kündigung muss keine Begründung enthalten

Die Reaktion von Kollegen, Abteilungsleitung und Geschäftsführung dürfte von Temperament und Persönlichkeit abhängen, insbesondere davon, ob die Betreffenden nur an die eigene Karriere denken oder auch an andere. Im Idealfall freut man sich ehrlich mit Ihnen über den beruflichen Aufstieg und bedauert gleichzeitig, Sie als wertvolle Arbeitskraft zu verlieren. Das Spektrum reicht außerdem von der Haltung „Reisende soll man nicht aufhalten" (jeder ist ersetzbar, und durch Streit nähme nur der Betrieb Schaden) über Gleichgültigkeit bis zum persönlichen Beleidigtsein mit dem Versuch, Ihnen Steine in den Weg zu legen. Am besten wappnen Sie sich vorher für alle Fälle.

Die Zeit nach der Kündigung

Grundsätzlich empfiehlt sich, bis zum Schluss seine Arbeit in gewohnter Qualität zu tun. Sie können notfalls sogar anbieten, Ihren alten Kollegen auch nach Ihrem Abschied noch eine begrenzte Zeit für Fragen zur Verfügung zu stehen. Vielleicht wollen Sie ja, dass man später gut über Sie Auskunft gibt. Auch dies ist jedoch eine Frage der Persönlichkeit bzw. hängt davon ab, ob Sie überhaupt daran Interesse haben, sich in gutem Einvernehmen von Ihrer alten Arbeitsstelle zu trennen.

Geben Sie bis zum Schluss Ihr Bestes

Denken Sie auch daran, dass Sie nach Abschluss Ihrer Tätigkeit Anspruch auf ein Arbeitszeugnis haben. Sprechen Sie Ihren Arbeitgeber rechtzeitig darauf an.

Ein Schnelldurchgang kurz vor dem Gesprächstermin

Hier werden noch einmal die wichtigsten Hinweise für Ihr Vorstellungsgespräch zusammengefasst. Sie können die Liste dazu nutzen, sich kurz vor dem Termin noch einmal das Wichtigste zu vergegenwärtigen.

Informationen vorab besorgen

- Gehen Sie so gut vorbereitet wie möglich in das Gespräch. Sie sollten möglichst genaue Vorstellungen von der Stelle, vom Betrieb und von der Branche haben. Dazu gehören Informationen über Umsatz, Gewinn, Mitarbeiter, Rechtsform, Beteiligungen, Zweigstellen, Produkte, Marktsituation, Konkurrenz, Image, bisherige Entwicklung und Zukunftsaussichten. Es geht nicht um die Kenntnis exakter Daten, sondern um ein Vertrautsein mit der Gesamtsituation.

Über die eigenen Stärken und Schwächen nachdenken

- Haben Sie die Palette der Kenntnisse, Fähigkeiten, Erfahrungen und Eigenschaften im Kopf, die Sie dem Betrieb anbieten können. Dazu gehören zum einen die Stationen und Daten Ihres Lebenslaufs. Das sind Schule, Wehr- oder Zivildienst, Berufsausbildung, Studium, Berufserfahrung, Zusatzqualifikation, besondere Kenntnisse und Fähigkeiten (vor allem Sprachen und EDV). Zum anderen sind das Eigenschaften wie Zuverlässigkeit, Selbständigkeit, Durchsetzungsfähigkeit, Überzeugungskraft usw.

Forderungen an den Betrieb

- Seien Sie sich auch über die Forderungen im Klaren, die Sie selbst an Arbeit, Betrieb, Branche und persönliches Umfeld haben. Bereiche: Angemessenheit der Arbeit, Herausforderung, Entwicklungsmöglichkeiten, Konditionen (Entgelt und Arbeitszeit), Kollegen, Vorgesetzte, Arbeitsbedingungen (Betriebsklima, Arbeitsplatz), Führungsstil, Geschäftspolitik, wirtschaftliche Aussichten, Familie und Freunde, Standort.

- Stellen Sie einen, am besten schriftlich ausgearbeiteten, Fragenkatalog für das Gespräch auf. Er enthält die bisher noch offenen Fragen nach allen Informationen, die Sie für Ihre persönliche Entscheidung benötigen. Dazu können gehören: Aufgabenbeschreibung, Entwicklungsmöglichkeiten, Warum ist die Stelle frei?, Einarbeitung, Arbeitszeit und Gehalt, Kollegen und Arbeitsplatz (Atmosphäre und Hierarchie), Probezeit, Arbeitsbeginn, Wann bekomme ich Bescheid?

Fragenkatalog

- Haben Sie Antworten auf schwierige Fragen parat, die sich auf Ihren Lebenslauf richten. Hierbei kommt es besonders auf Antworten an, die Ihren Gesprächspartnern den Eindruck einer logisch schlüssigen Entwicklung vermitteln. Eingehakt wird typischerweise bei Wechseln und Lücken. Üben Sie am besten im Frage- und Antwortspiel mit kritischen Freunden. Dabei müssen Ihre Aussagen fachlich überzeugend und persönlich sympathisch wirken. Achten Sie beim Vortrag Ihres Lebenslauf stets darauf, dass alle Punkte, die Sie schildern, einen Bezug zur angestrebten Stelle erkennen lassen.

Antworten auf heikle Fragen trainieren

- Rufen Sie vor dem Gespräch am besten im Betrieb an, um einerseits den Termin zu bestätigen, andererseits Namen und Funktion Ihrer Gesprächspartner zu erfragen.

Vorab-Anruf

- Planen Sie Anreiseweg und -zeit. Bedenken Sie dabei mögliche Verspätungen, verpasste Anschlüsse, Staus und Umleitungen. Bauen Sie einen zeitlichen Sicherheitsspielraum ein, um auf jeden Fall pünktlich zu sein. Nehmen Sie sich für den Tag nichts anderes vor.

Anreiseplanung

- Achten Sie bei der Auswahl Ihrer Kleidung darauf, dass sie einerseits zu der angestrebten Stelle passt, andererseits

Kleiderwahl

Ihnen selbst Sicherheit und Wohlbefinden vermittelt. Vermeiden Sie Übertreibungen. Stets wichtig ist eine gepflegte und saubere Erscheinung.

Mitzunehmende Unterlagen

- Zum Gesprächstermin mitnehmen sollten Sie Ihr Einladungsschreiben, eine Kopie Ihres Lebenslaufs sowie Ihres Bewerbungsschreibens und Ihren Fragenkatalog (nebst Stift für Notizen). Sie können in der Wartezeit vor dem Gespräch alles noch einmal durchlesen.

Verhaltensregeln

- Folgende Verhaltensregeln sollten Sie während des gesamten Gesprächs im Kopf behalten und berücksichtigen, um einen positiven Eindruck zu machen und Sympathie herzustellen:
  - Finden Sie Ihre Gesprächspartner sympathisch.
  - Reden Sie Ihre Gesprächspartner mit Namen an.
  - Halten Sie Blickkontakt.
  - Machen Sie ein freundliches und offenes Gesicht.
  - Sprechen Sie laut und deutlich.
  - Hören Sie aufmerksam zu und antworten Sie bereitwillig.
  - Antworten Sie auf alle Fragen mit einem überlegten, sachlichen und positiven Erklären, lassen Sie sich nie zu einer aggressiven oder emotionalen Reaktion provozieren.
  - Verstellen Sie sich nicht.
  - Bieten Sie Ihre Leistungen als Lösung für ein Problem des Betriebs an.
  - Stellen Sie Ihren Lebenslauf in Form eines nutzbringenden Angebots dar (= Werbung).
  - Übernehmen Sie wenn erforderlich an geeigneter Stelle selbst die Gesprächsinitiative (sei es zur Selbstdarstellung oder um Informationen zu bekommen).

Roter Faden im Lebenslauf

- Achten Sie bei der Schilderung der einzelnen Stationen Ihres Lebenslaufs stets darauf, dass Ihre Gesprächspartner vor allem an Begründungen und an einem roten Faden interessiert sind. Geben Sie Motive für Ihre Entscheidungen und arbeiten Sie eine schlüssige Entwicklung Ihres Lebenslaufs heraus, die jeweils einen Bezug zu der zu vergebenden Stelle aufweisen und Ihre fachliche wie persönliche Eignung unterstreichen. Wenn Ihre Gesprächspartner nicht fragen, müssen Sie selbst die Initiative ergreifen.

Ruhig und sachlich bleiben

- Grundsätzlich müssen Sie alle Fragen wahrheitsgemäß beantworten. Wenn eine Frage jedoch keinen Bezug zur fraglichen Stelle hat, dürfen Sie unter bestimmten Umständen sogar lügen. Grundsätzlich sollten Sie auch bei unzulässigen oder provokanten Fragen versuchen, ruhig und sachlich zu antworten. Sehen Sie in solchen Fällen von der Person Ihres Gegenübers ab und behalten Sie Ihr Ziel (die Stelle) im Auge. Lassen Sie sich nie zu aggressiven, rechthaberischen oder emotionalen Reaktionen hinreißen. Leiten Sie einen Widerspruch immer mit einem Ja-Aber ein.

Nachfragen

- Sehen Sie zu, dass Sie bis zum Ende des Gesprächs alle Informationen bekommen haben, die Sie für Ihre persönliche Entscheidung für oder gegen die Stelle unbedingt brauchen. Zum Teil werden Sie das durch aufmerksames Zuhören, zum Teil durch gezieltes Fragen erreichen. Ziehen Sie Ihren Fragenkatalog heran, machen Sie sich wichtige Notizen.

Entscheidungstermin

- Klären Sie zum Abschluss des Gesprächs, wann Sie von der Entscheidung des Betriebs Nachricht erhalten bzw. sich selbst erkundigen sollen.

Kündigung

- Kündigen Sie Ihre derzeitige Stelle erst, wenn Sie den Arbeitsvertrag Ihres neuen Arbeitgebers unterschrieben vorliegen haben.

Register